レディース ファッション イラストレーション

Ladies Fashion Illustration

Ladies Fashion Illustration

by Kojiro Kumagai

1-9-12Kudan-kita, Chiyoda-ku, Tokyo, Japan
ISBN4-7661-0267-3

S.E.A. Exclusive Agent:
K.C. Enterprise (Asia) Pte. Ltd.
5th & 6th Floor, 45/47
Robinson Road,
Singapore 0106

はじめに
PROLOGUE

ファッションイラストレーターを目指している人はもちろんのこと，デザイナーのプロとして活躍していこうと考えている人にとっても、デザイン画(スタイル画)を描くということは，必要不可欠な条件です。というのは，これはと思われるコスチュームデザインやアイデアが頭に浮かんだときに，自分のイメージを正確に相手に伝えるためには，デザイン画として誰の目にもひと目で分かる形にすることが要求されるからです。またアイデアを忘れないように描くことによって，新しいアイデアを偶発させることもできるのです。

ファッションイラストレーションの初心者向きの描き方の本はたくさん出ていますが，上級者向きのいろいろな描き方のテクニックや，色の塗り方までまとめてある本は，今までありませんでした。基本的なファッションイラストをマスターしたら，コスチュームの色塗りでも，そのコスチュームに合う配色やメイク，ヘアースタイル，アクセサリーなどトータルイメージを考えて仕上げることが大切です。トータルファッションとして考えるには，デザインの持つ雰囲気に合うカラーが，全体のイメージに沿ったものでなければなりません。このようにして一枚一枚仕上げていくと共に，自分のファッションデザイン感覚や色彩感覚が自然に養われてくるのです。

デザイン画を描くうえで，上手下手の差はあるかもしれませんが，根気よく短い時間でも，毎日少しずつデザイン画を描くことによって，誰にでも描けるようになります。さあ，すぐにでも筆を手にしましょう。そして この本に従って筆を動かしてみてください。一流のファッションイラストレーター，デザイナーへの，それが第一歩です。

目 次

ファッションイラストレーションについて

一般にファッションイラストレーションというと，コスチュームの美しさを描いたものをさしていますが，ファッションイラストレーションは大きく分けると，つぎの二つのジャンルに分けることができます。

《ファッションスタイル画》

ファッションデザイナーが新しいコスチュームデザインやシルエットを発想し，洋服を実際に製作するために必要なもので，洋服のデザインを具体的に紙の上に表現した説明図のことをさします。コスチュームのシルエットやダーツ，切り替え線などまではっきり図示されたもので，建築のパース(設計図)のような機能を持っています。ファッションデザイナーがお客様(クライアント)の目の前で，自分の持つイメージをイラストで表現することができれば，そのイメージが正確に伝わり，コミュニケーションもスムーズにいくでしょう。

《ファッションイラストレーション》

ファッションイラストレーションとは，もちろん洋服の説明も含まれますが，絵画的・芸術的表現が加味され，更に感覚的要素が強調されたものです。良く見かけるのは，ブティックやファッション関係の店頭にディスプレイとして飾られたり，ファッションメーカーの広告（ポスター・パンフレット）などに使われるイラストレーションを総称して言います。そのファッションイラストレーションによって，見る人に洋服を着て見たいという欲求と共感を起こさせること…がここで一番大切なことです。洋服の持つ美しさを描くと共に着る人の人間像をも美しく描かなければなりません。

このようなイラストレーションを描くにはいろいろな勉強が必要になってきます。まず第一に人体の構造（フォルム）を理解すること，デッサン力を身につけること，コスチュームデザイン・素材・配色・また流行をキャッチし，創り生み出す感覚を養うこと，知識として洋服の名称・歴史なども身につけておく必要もあります。また，広告や雑誌などに印刷物として使用されることが多いので，印刷上の知識も必要になってきます。

今日，私たちが日常生活していくうえで，衣・食・住，全てがファッション化されてきました。ファッション産業のみに限らず，あらゆる産業へ向けて良い刺激をもたらすような，アイデアの源としてのファッションイラストレーションが，現在注目されています。ですから，ファッションイラストレーターは常にクリエイティブ（創造すること）でなければなりません。世界のファッション情報をいちはやくキャッチし，流行を取り入れて自分なりに表現していくことが大切です。また，自分自身がおしゃれであり，ファッションに対する考え方，姿勢をはっきり見つめ，創りあげていかなければなりません。

ファッションイラストレーションを学ぶには

ファッションイラストレーションを学ぶには，美術学校や専門学校で勉強するに越したことはありませんが，いくら学校に入っても先生まかせで自分自身が勉強しなければ，上達することができません。要は自分で筆を持って描くことです。描くということ――これは理論や説明ではなく，とにかく鉛筆や筆を握って描くということなのです。知識や才能がある程度役に立つとしても，やはり努力にはかないません。人より以上にあらゆるものを知得し，それを自分の腕と心で何枚も描き続けた人がそれを自分のものにすることができるのです。

絵画やイラストレーションを描くとき，誰でも模写から始まるといわれています。自分の好きなイラストレーションや，上手な人のイラストレーションを模写して自分のスタイルを見つけ出せれば良いのです。いくら模写しても，その人の真似で終ることはありません。必ず自分自身の感覚(センス)がそこに入ってくるので，違ったイラストレーションが生まれてくるはずです。あせらずに着実に階段を一歩一歩登りながら目的地に到達するように，毎日一枚一枚と数多く描いていくことです。(急ぐと途中で息切れしてしまい，挫折してしまうことになります。)サイズは大きくても小さくてもかまいません。毎日筆を走らせていれば，昨日より今日，今日より明日と，描くということを通じて考えるようになり，また描くという動作そのものも進歩していくのが自分自身でもわかってくるでしょう。最初はイラストなど描くことができないと思っていたのが，数をこなしていくうちに上手に描けるようになった自分に驚くことでしょう。絵を描くことが苦手な人には，描くということは大変苦痛なものですが，三日坊主にならずに毎日描き続けること――それが何よりも一番大切なことなのです。

〝才能よりも大切なのは努力です〞

イラストレーターを目指すには

日本のイラストレーションの歴史は浅く，また価値感・需要も外国に比べてまだまだ低いので，イラストレーターを目指している人は，もちろん自分の個性も必要ですが，ひとつのものだけに絞るのではなく，人物や動物や植物や物でも何でも描け，タッチもマンガチックなものから写実的なものまで描けるようにならなくてはなりません。イラストレーションというのは絵画と違い，商業的なものなので，自分の得意なものや好きなものだけを描いていて，食べていけるわけにはいきません。必ずクライアント（依頼主）の要求しているものを最大限に充たすものを仕上げなければなりません。ですから先方が何を欲しているのかを把握するカンというのも，必要になってきます。

また，表現法として写真が盛んに使われ，飽きられてくるとイラストレーションが使われるというように，写真とイラストレーションの需要性というのは，繰り返されると言われています。ここでイラストレーションの強味は，写真では出せないプラスα（アルファ）的なものが出せるという点です。それと人間の手で描いたものと器械で撮ったものとでは，温かみという点で違ってくるので，どんな人が見てもイラストレーションの方がなじみやすいということで使われることも多いようです。

イラストレーションというのは，その時代の風俗を色濃く反映しているものとも言われます。イラストレーションはファッションと同じで流行があるので，その時代の流れを敏感にキャッチし，描き方・タッチもそれに合わせて変えていかなくてはなりません。いつまでも同じような描き方をしていたら，とり残されてしまいます。ですから家に閉じこもって描いているだけでなく，いろいろなものを見たり，聞いたり，試したり，どんどん外へ出て行っていい絵はもちろんのこと，いい音楽・映画・芝居などを見て，自分なりに吸収し感覚をみがくことが大切です。

ベンブリッジ＃80／鉛筆，カラーインキ(ペリカン)

ベンブリッジ＃80／パステル

クレセントカラーボード＃975／パステル，鉛筆

1

2

3. 顔のアップとプリーツの入った衿のデザインの面白さを描いてみました。柄の配色がたくさんあるので，色を押えめにし，ヘアーの流れをあまり描き込まずに，全体をシックにまとめます。

1. クレセント＃300／鉛筆，カラーインキ(ペリカン)
2. BBケントボード細目／水彩(ホルベイン)
3. ベンブリッジ＃182／ガッシュ

1

2. ニュートンは色あいが濁らず発色が良いので，大変きれいに仕上がります。イラスト全体の輪郭を線で描き込まずに，グラデーションを付けながら描いていきます。座っているポーズですが，わざと座っているベンチを描かずに，空間の面白さを出しています。このボードは，グラデーションを付けて描く場合に，大変きれいに仕上がりますので好きなボードのひとつです。

1. クレセントカラーボード＃972／水彩(ホルベイン)
2. ベンブリッジ＃182／水彩(ニュートン)

2

1

2

3

3. カラーボードにカラーインキで描く場合，ぼかしたりにじませたりする時には大変きれいに仕上がりますが，鮮明な線で表現してもにじんでしまいます。ムード的な雰囲気のあるイラストレーションを描く場合などに，カラーボードとカラーインキの組み合わせが，大変効果的な雰囲気を生みだします。

1. クレセントカラーボード＃973／水彩(ホルベイン)
2. ベンブリッジ＃80／カラーインキ(ペリカン)
3. クレセントカラーボード＃991／カラーインキ(ペリカン)

2

ガッシュは不透明水彩なので，平面的にむらなく塗るのに適しており，上から重ね塗りをした場合，下の色が見えなくなってしまいます。ここではムード的な雰囲気のあるイラストレーションに仕上げたいので，逆に透明水彩のような効果をねらい，下の色を出すために水で薄く溶き，むらや筆のタッチを生かしました。

1. ベンブリッジ＃275／ガッシュ
2. BBケントボード細目／ガッシュ

1

2

3. 最初は肌の色とヘアーの色をティッシュペーパーで塗り込むように彩色し，目・口などの細かいところは，鉛筆パステルで描き上げます。またコスチュームは，全体に色付けしないで輪郭だけをパステルで描き，指でぼかしていきます。

1. ベンブリッジ90S／パステル
2. ベンブリッジ90S／パステル
3. クレセント＃300／パステル，鉛筆パステル
4. クレセントカラーボード＃972／パステル，鉛筆パステル

2

ケントボードにトレースダウンし，最初はマスキングなしのフリーハンドで，影や肌の濃い部分にエアーブラシをかけていきます。ヘアーの線の細かいところや，部分的に細かいところなどは，ピースコンのニードルのキャップをはずして，イラストにできるだけ近づけて細い線を描きます。全体的にフリーで描けるところが終りましたら，マスキングをしエアーブラシで吹きつけていきます。最後にエアーブラシで描ききれない細かい部分を，面相筆や鉛筆コンテなどで描き込みます。

1. 2. BBケントボード細目／エアーブラシ，カラーインキ(ペリカン)

1

2

3

紙の目を生かしながら，色鉛筆を使って仕上げたものです。色鉛筆はやゝもすると，幼稚なイラストレーションに見えますので，色の付け方が単調にならないように注意しましょう。

1. ベンブリッジ，ブリストル，ドローイング・羊皮／色鉛筆
2. ベンブリッジ，ブリストル，ドローイング・スムーズ／色鉛筆
3. コキュールブリストル／色鉛筆

ファッションイラストの描き方

目の描き方

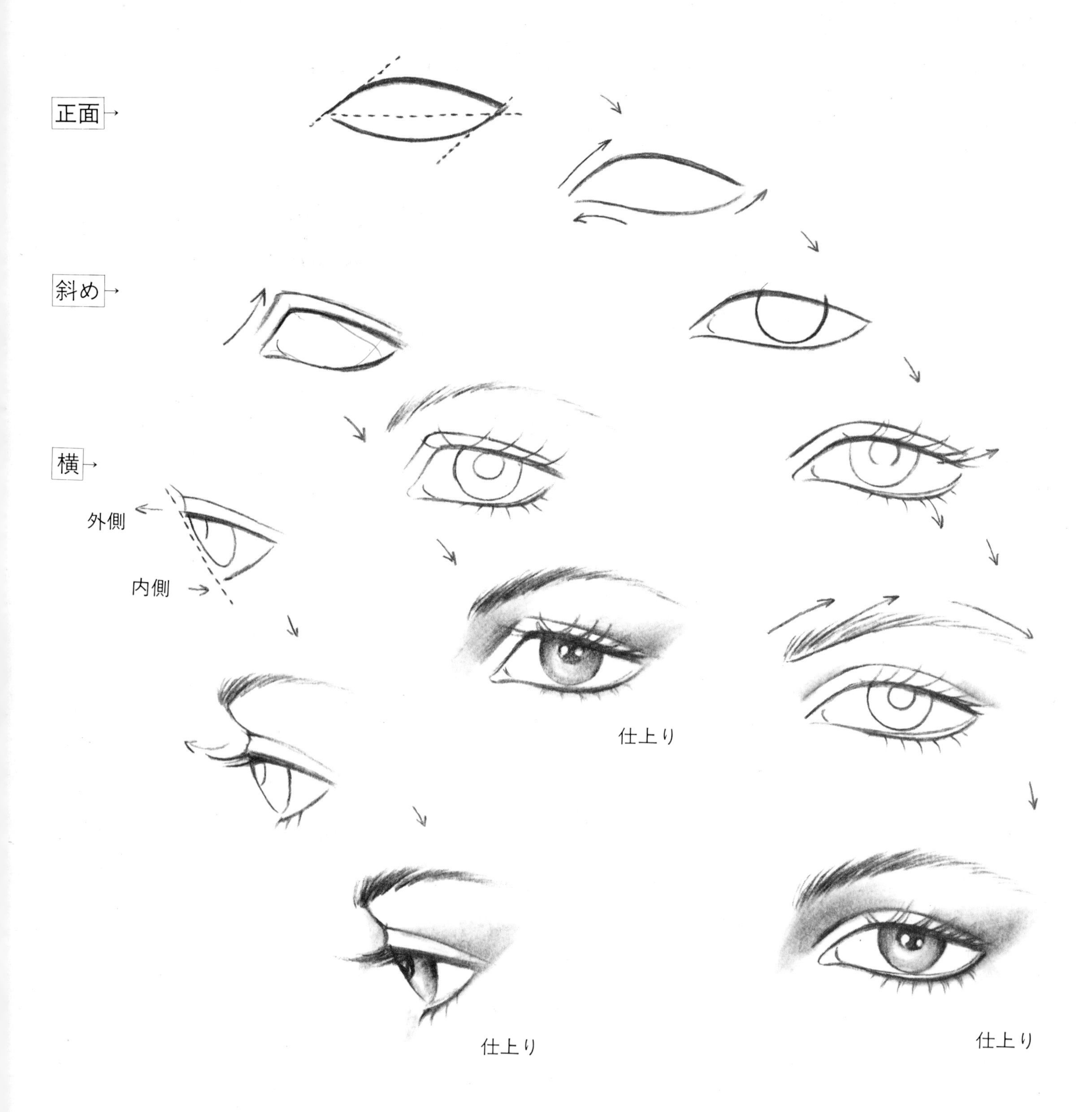

目の描き方

〝目は口ほどに物を言う〞――諺のように目は心の窓とも言い，目には表情があります。顔の中で一番重要な所です。生き生きとした美しい目を描きましょう。切れ長の目に描くと大人っぽくなり，パッチリとした大きな目を描くと可愛らしい感じになります。年齢やコスチュームの雰囲気に合った目を描きましょう。

口・鼻の描き方

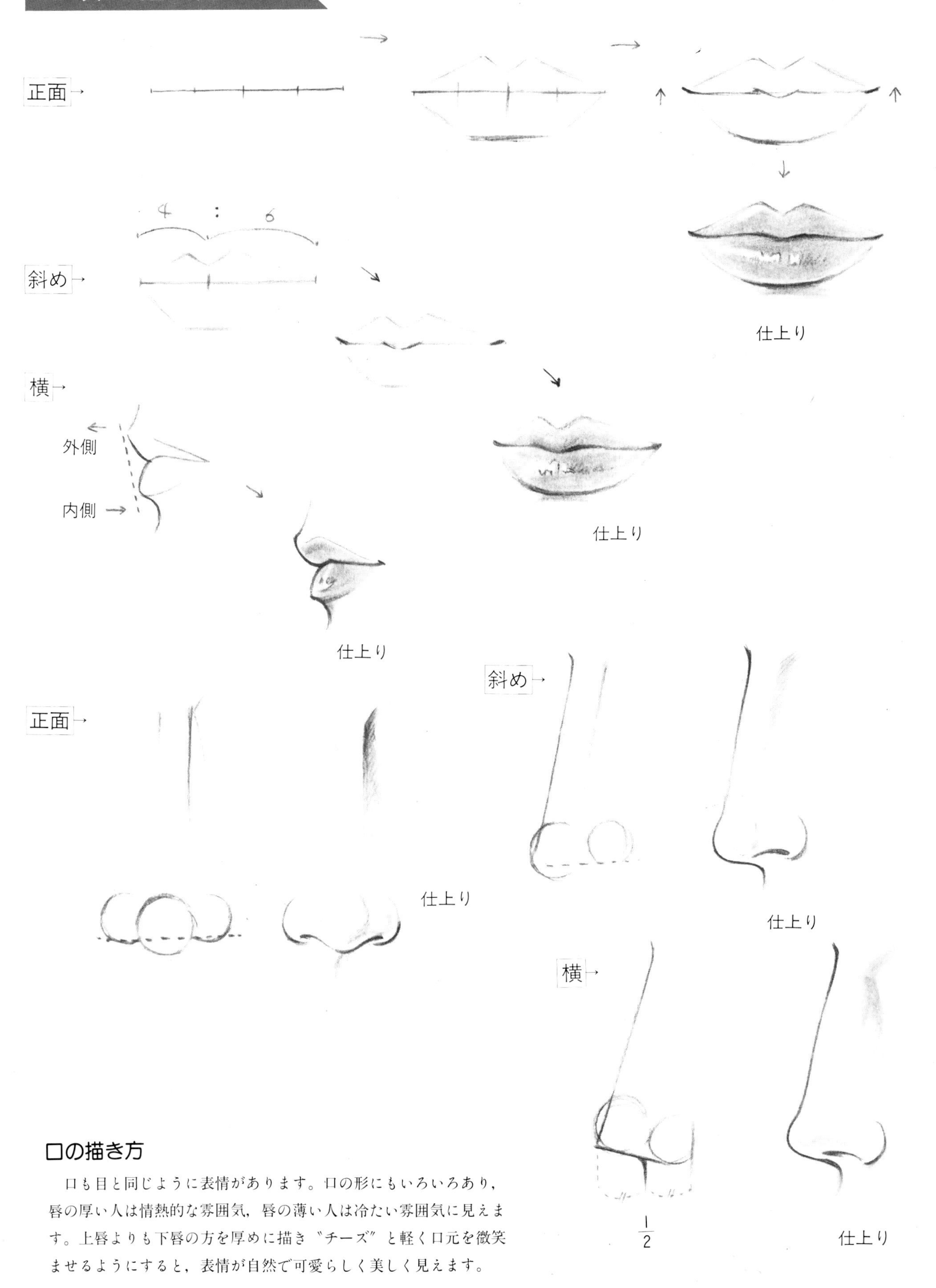

口の描き方

口も目と同じように表情があります。口の形にもいろいろあり，唇の厚い人は情熱的な雰囲気，唇の薄い人は冷たい雰囲気に見えます。上唇よりも下唇の方を厚めに描き〝チーズ〟と軽く口元を微笑ませるようにすると，表情が自然で可愛らしく美しく見えます。

鼻の描き方

目や口のように動きがないので，表情の変化があまりありません。特に日本人の鼻は高くないので少し誇張して鼻筋の通った高くてきれいな鼻に描きましょう。

顔の描き方

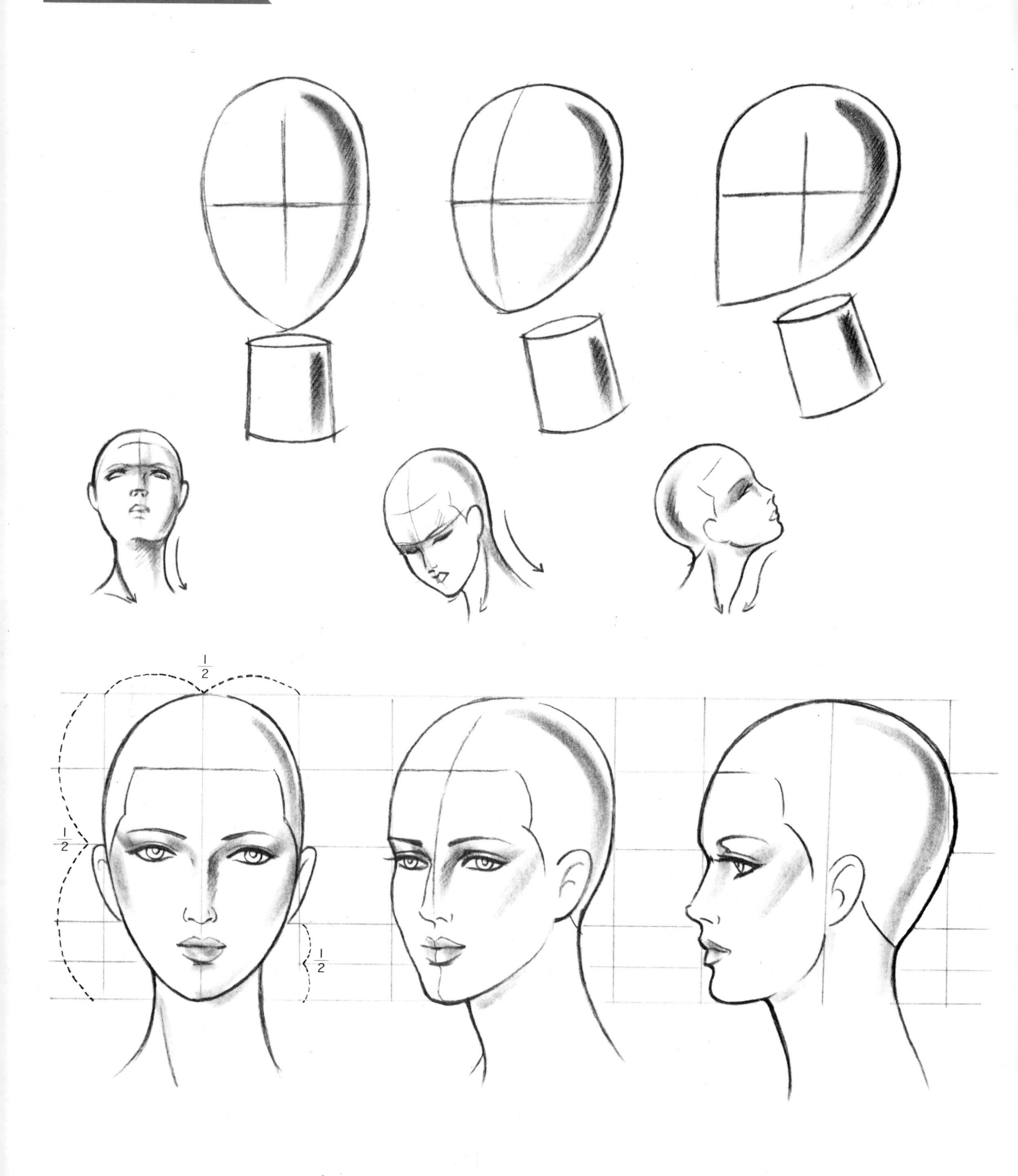

顔の描き方

卵形の輪郭を8等分し，目・口・鼻の位置がどこにあるか，このバランスによって顔の美しさが違ってきます。また，顔の向きによって顔の輪郭や目・口・鼻の形は変わりますが位置は変わりません。

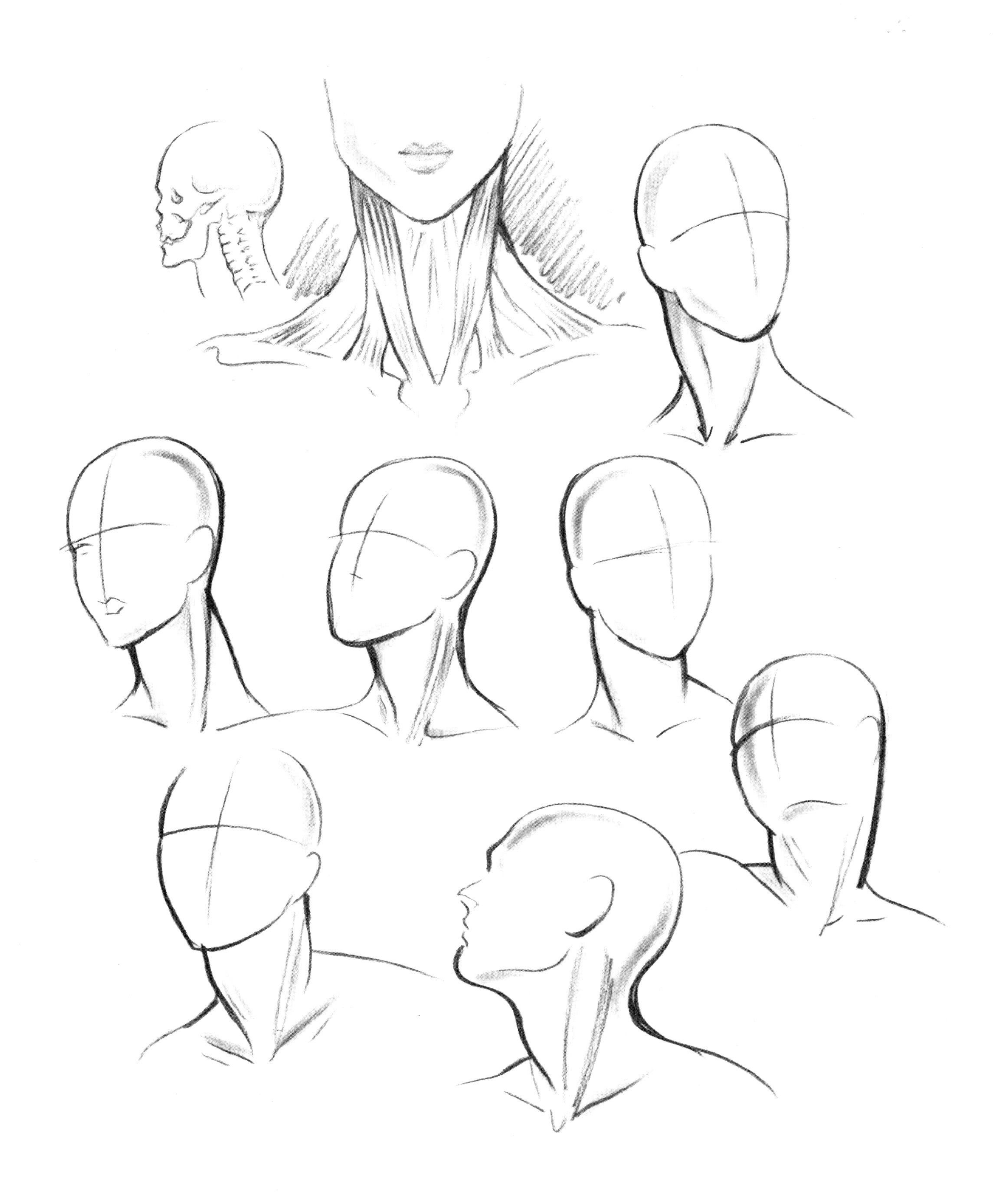

顔と首

女性の顔の表情は頭部と首の動きによって大変違ってきます。特に女性には首の美しさが非常に重要です。顔の向きによって首筋がはっきりと出てきます。この首筋を描くことによって首が長く見え，美しさも増してきます。よりイメージアップしたイラストレーションを表現できるように，いろいろなポーズを研究してみましょう。

顔の描き方・応用

基礎的な顔が描けるようになったら，いろいろな向きの顔やメイク・ヘアースタイルなど，その時代時代によってファッションが変化しますので，自分なりにファッション情報をつかんで流行に合った顔を描いてみましょう。

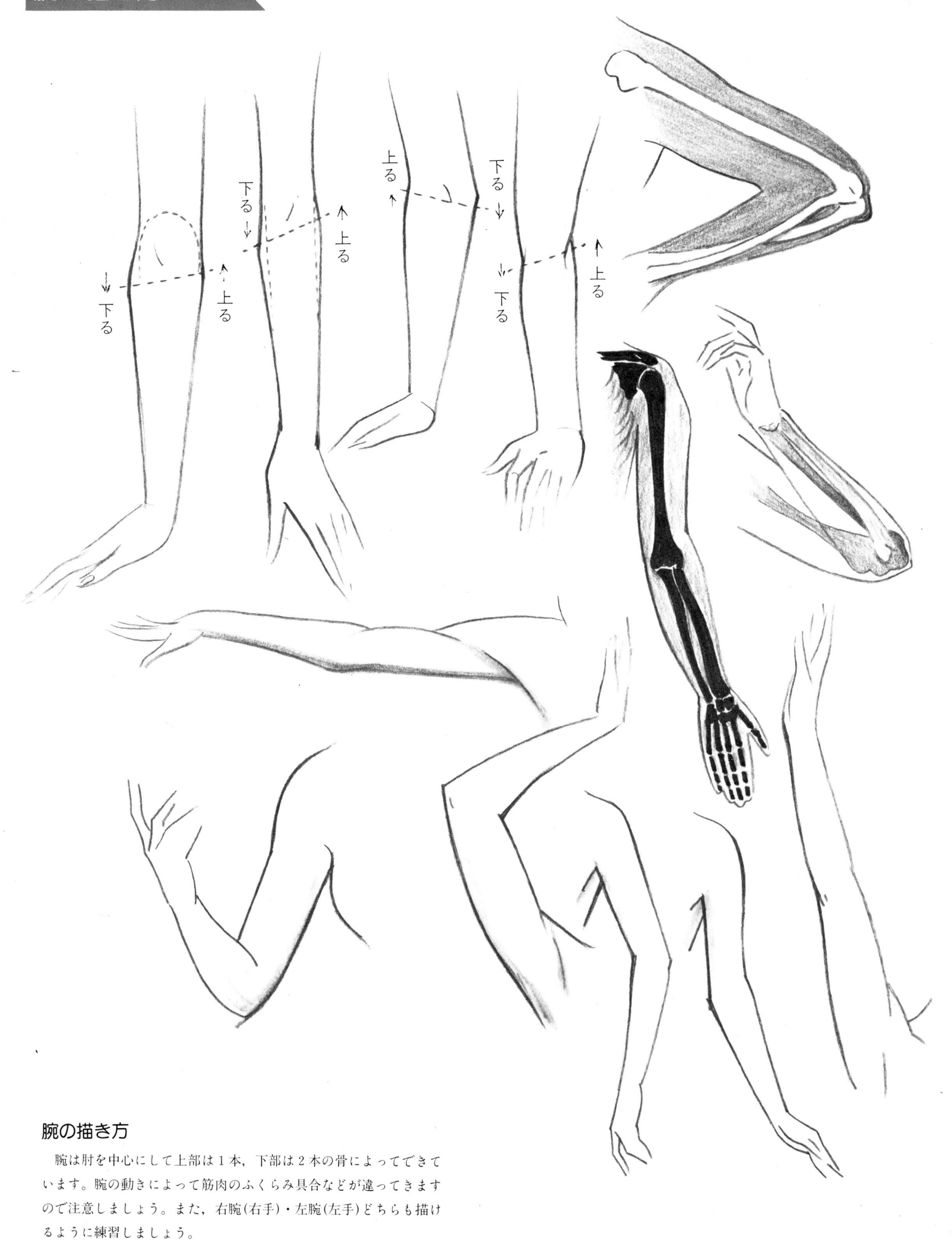

腕の描き方

腕は肘を中心にして上部は１本，下部は２本の骨によってできています。腕の動きによって筋肉のふくらみ具合などが違ってきますので注意しましょう。また，右腕(右手)・左腕(左手)どちらも描けるように練習しましょう。

脚の描き方

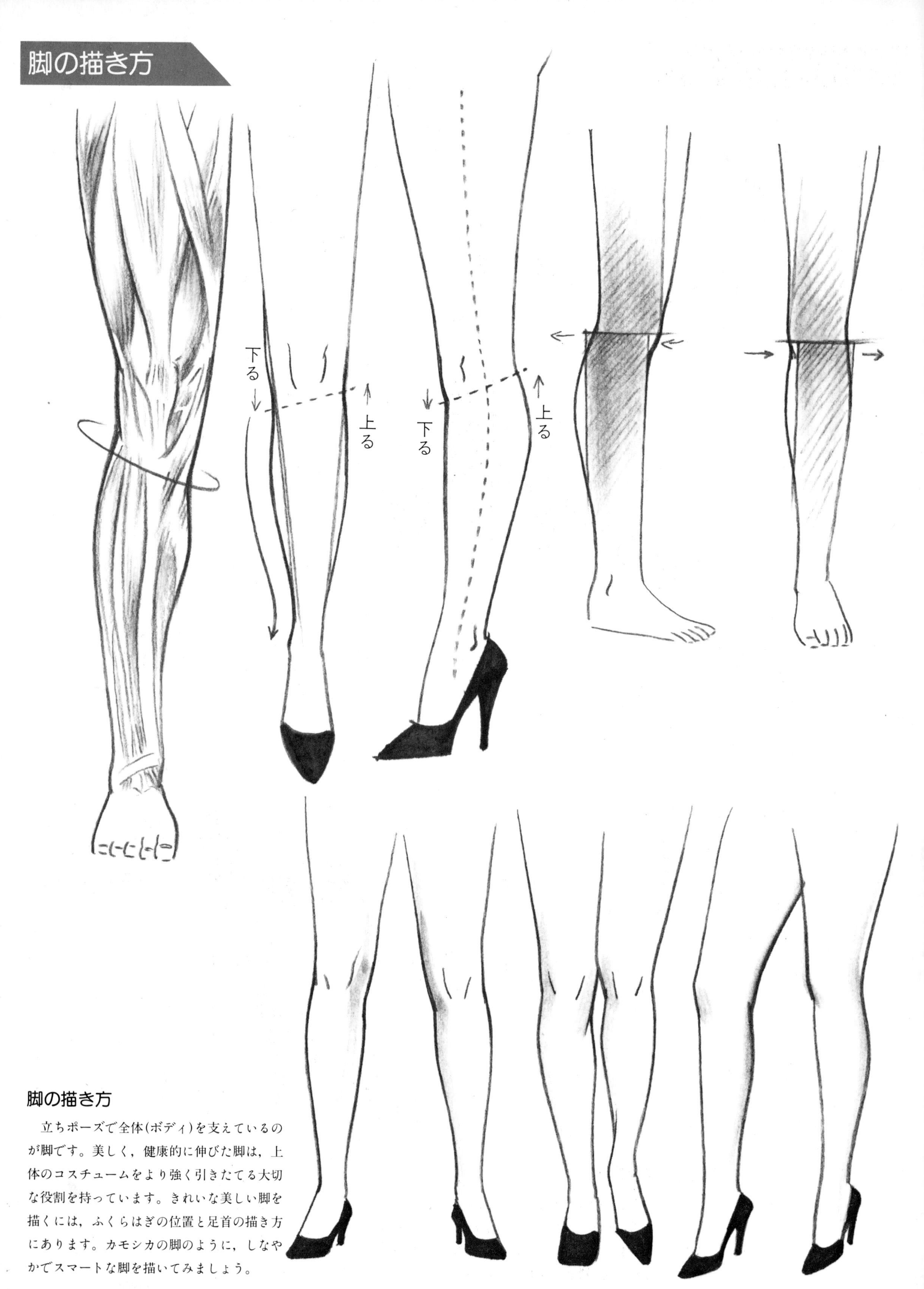

脚の描き方

立ちポーズで全体(ボディ)を支えているのが脚です。美しく，健康的に伸びた脚は，上体のコスチュームをより強く引きたてる大切な役割を持っています。きれいな美しい脚を描くには，ふくらはぎの位置と足首の描き方にあります。カモシカの脚のように，しなやかでスマートな脚を描いてみましょう。

足・靴の描き方

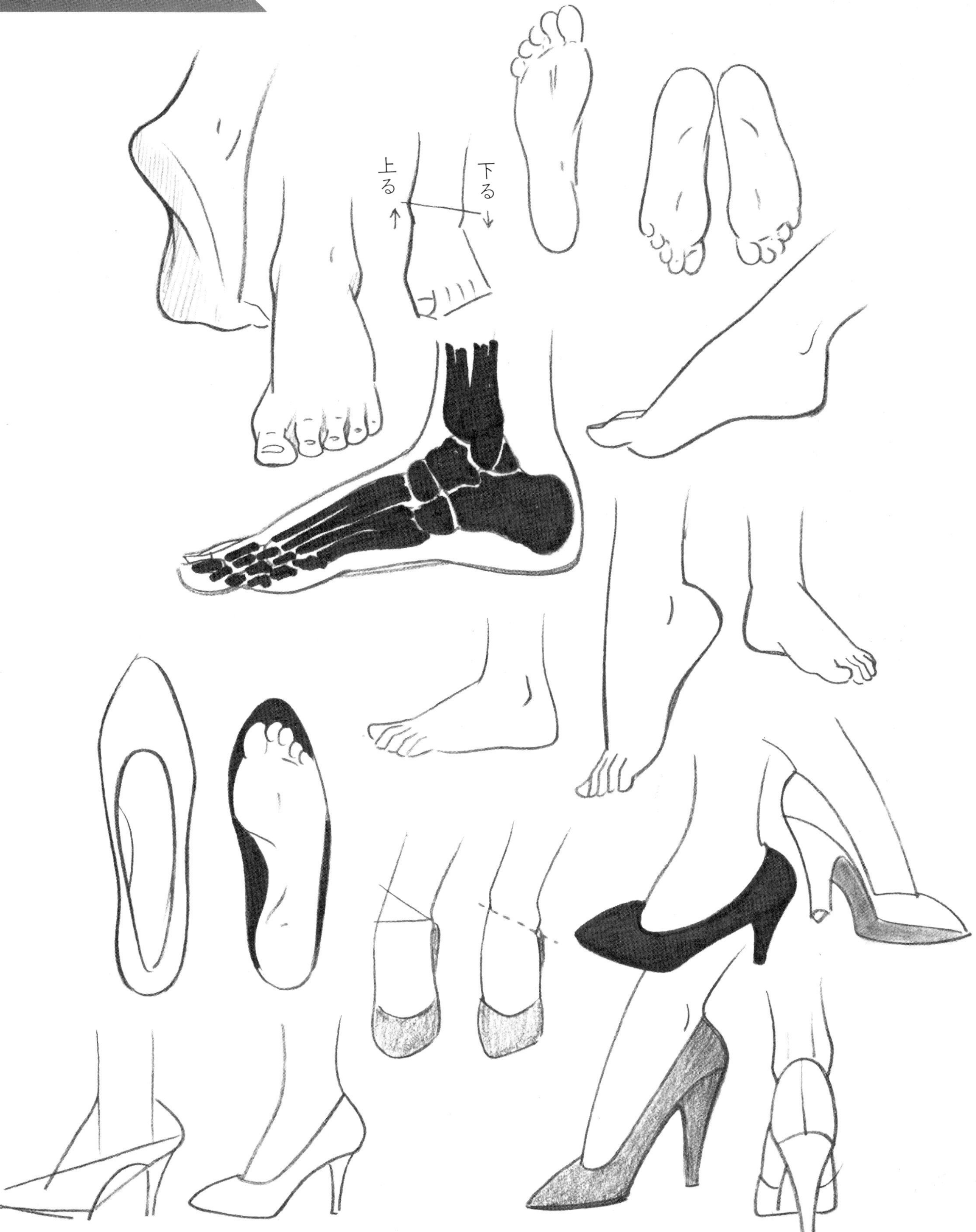

上る
下る

足・靴の描き方

素足は顔や手と同様に，非常に描き方がむずかしいところです。よく自分の素足を見ながらたくさん描いてみましょう。靴の場合は，立ちポーズの時，地面にしっかり立っていられることができるかどうか，がポイントです。靴は流行によってデザインが変わるので，その時の流行に合った靴を描きましょう。

衿の描き方

衿は洋服の〝顔〟とも言われています。コスチュームの中で最もむずかしく，また大切なところです。正しく描かないとデザインが全然違ってきます。衿ぐり・衿あきの厚みに注意して下さい。素材によってもその感じが違ってきます。またボタンの位置は，必ず首(ボディ)からの中心線に平行に並ぶようにします。シャツカラーなどでは，第一ボタンをはずした時には，ことに描き方がむずかしくなります。

鉛筆コンテ
擦筆

光沢のある素材の描き方

光沢のある素材の描き方

はじめに鉛筆で薄く輪郭をとり，明るいところ，暗いところを全体に薄く描き込んでいきます。少しずつ濃いところを描いていき，中間的な明るさのところは，擦筆を使い，光っているところは消しゴムで描いていきます。ポイントはめりはりをハッキリとつけて描くことです。

いろいろな画材によるテクニック

- ○色鉛筆
- ○水彩
- ○カラーインキ
- ○ガッシュ
- ○パステル
- ○エアーブラシ
- ○リキテックス
- ○ポスターカラー

テクニック
色鉛筆

○色鉛筆

①目から描いていきます。

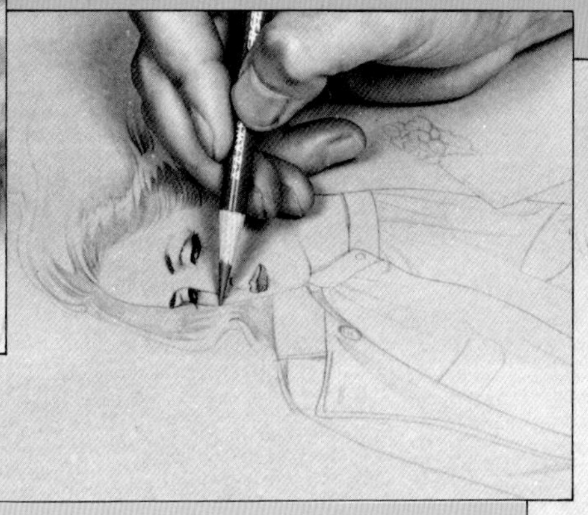

②目・口・鼻を描き終えたら，顔の輪郭を入れます。

③ヘアースタイルを描き込みます。

④

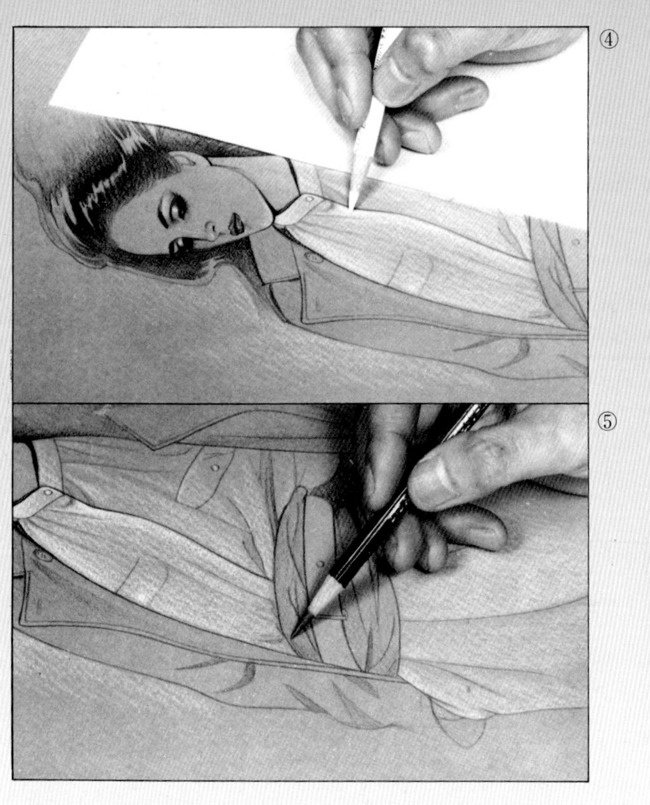

⑤

⑥

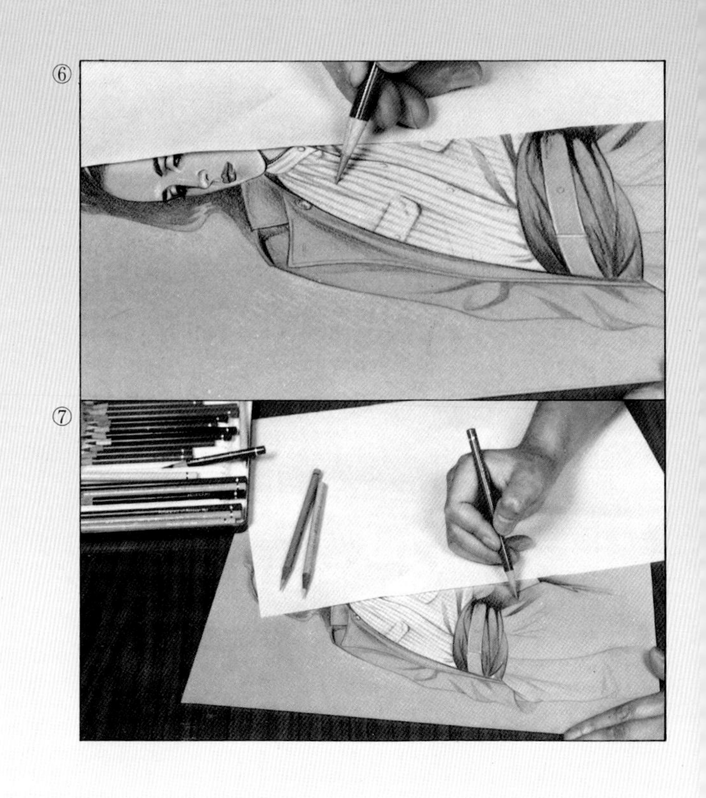

⑦

④シャツのホワイトを塗ります。
⑤コスチュームを大体色付けしたら，ベルトのまわりを描き込みます。
⑥シャツのストライプを入れていきます。
⑦影になるところも，いろいろな色で描き込みます。

⑧全体に色塗りができたら，メイクやハイライトの部分にホワイトを入れます。

⑨バックにホワイトで鉛筆のタッチを生かしながら，バックを入れます。

⑩

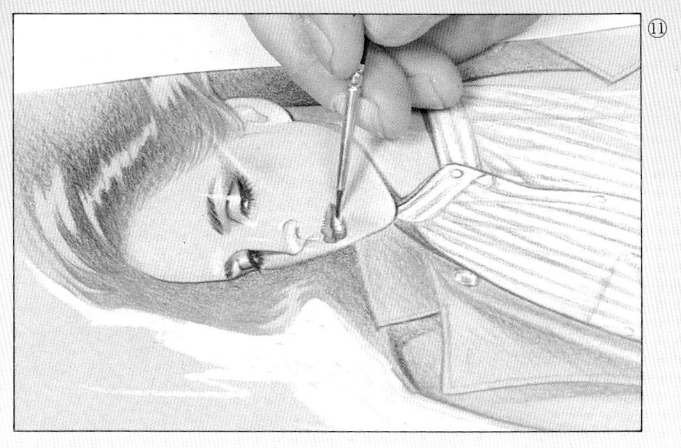

⑪

⑩アクセサリー等にタッチを生かします。
⑪色鉛筆の白で表現しきれない明るいところは，ポスターカラーのホワイトを使います。

クレセントカラーボード＃975／色鉛筆

テクニック
水 彩

○水彩絵具(ホルベイン)

○パレット

○筆──小筆，中筆

①顔を描き込み，全体の輪郭を薄く描いていきます。

②部分的に描き込んでいきます。

③柄を描き込みます。

④少しずつ色を濃く塗っていきます。

⑤最初に塗った色の上に違う色を塗り，イラストに深みを出します。

⑥顔にメイクを濃く入れます。

⑦全体の雰囲気を見て，濃いところを描き込んでいきます。

⑧柄や影などは平面的にならないように，グラデーションをつけぼかします。

⑨ヘアーの濃いところを描き込み，強弱をつけます。

⑩ヘアー全体にグラデーションをつけながら塗ります。

⑪柄の明るいところを描き込みます。
⑫ボディの輪郭を描きながらぼかしていきます。

⑬ヘアーの陰影をはっきり描き入れます。
⑭仕上げは目の強いところを黒で描き込み，ハイライトになる部分にホワイトを入れます。

クレセント＃100／水彩(ホルベイン)

テクニック
カラーインキ

○カラーインキ(ペリカン)
○絵皿
○筆──小筆，中筆，平ばけ

①イラストボードにトレースダウンし，見えにくいところは鉛筆で描き込みます。
②絵皿に必要な色を出します。
③ヘアースタイルから色付けます。(はじめに塗るところは，人によって違います。)

①

②
③

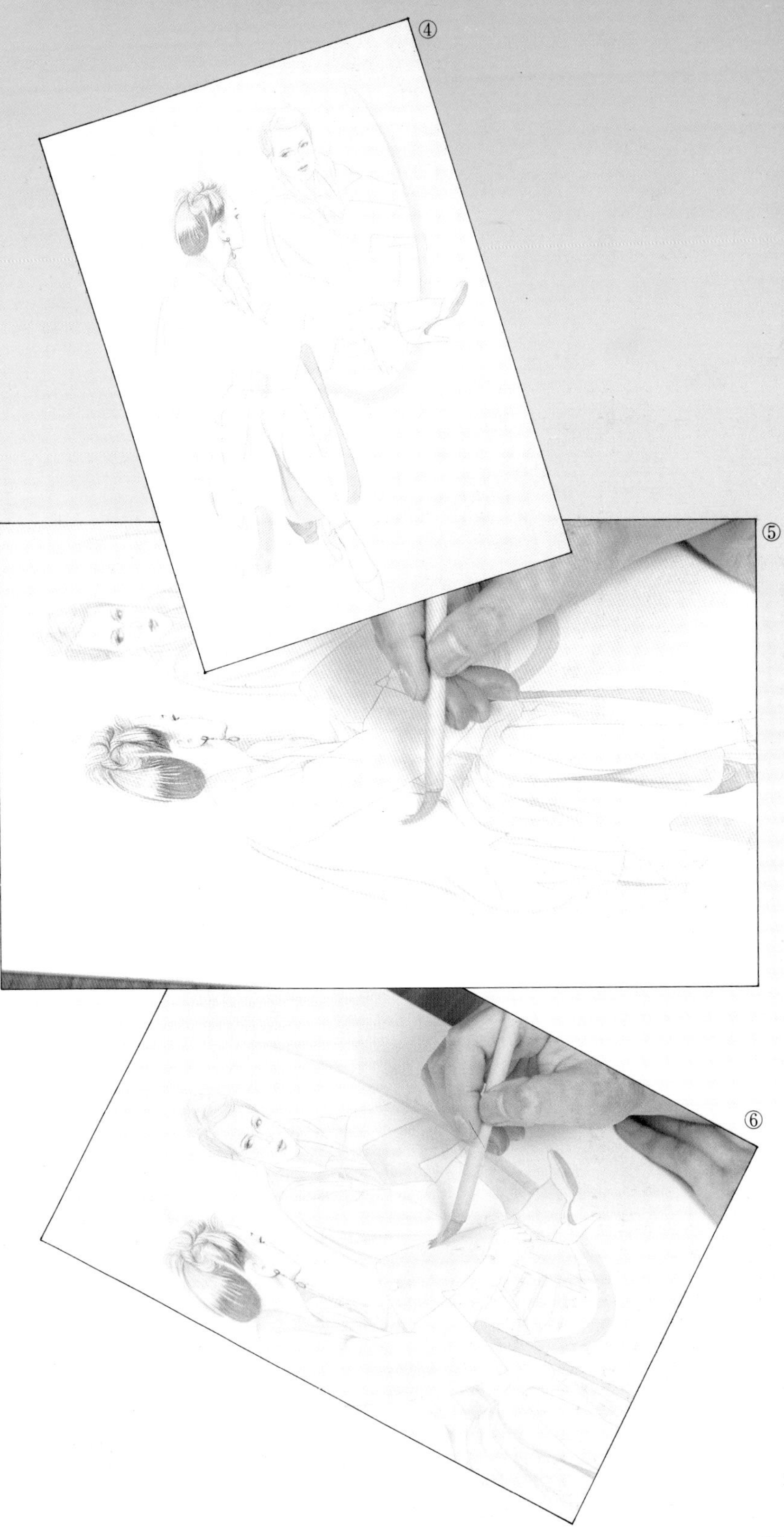
④
⑤
⑥

④ヘアーと同じ色を使うところを塗ります。
⑤中筆でコスチュームを塗ります。
⑥コスチュームの上着と同じ色で，ストッキングも塗ります。

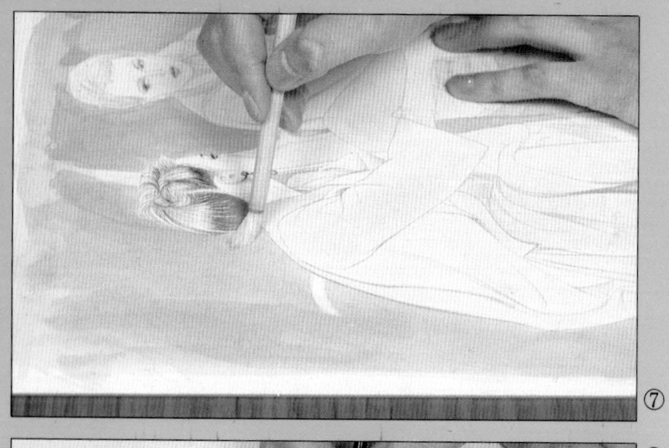

⑦

⑨

⑧

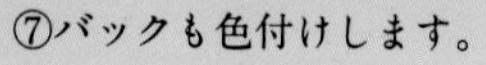

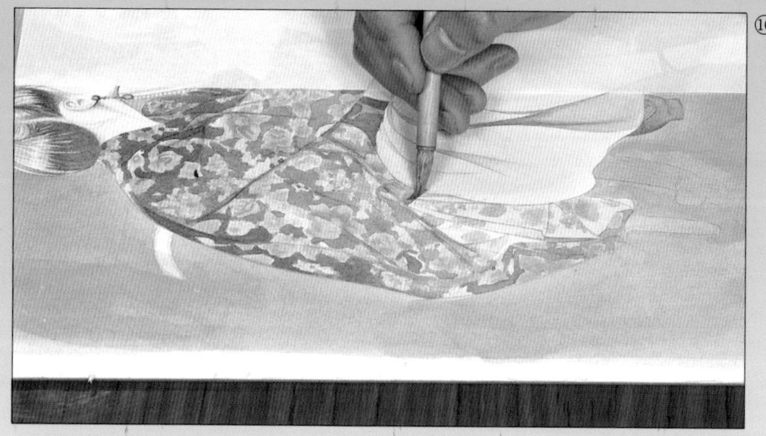

⑩

⑦バックも色付けします。
⑧コスチュームに柄を入れていきます。
⑨柄入れが終ったら，コスチュームの身頃の濃い部分を塗ります。
⑩コスチュームの塗り方や柄入れは，上から順に下へ塗るのが基本です。

⑪ ⑫ ⑬ ⑭

⑪ストッキングに影を入れます。
⑫全体的に重ね塗りをすることにより，次第に濃度をあげていきます。

⑬鏡の額縁を描き込みます。
⑭全体の色のバランスを考え，ストッキングの色に赤味をつけ，ハイライトの部分にホワイトを入れます。

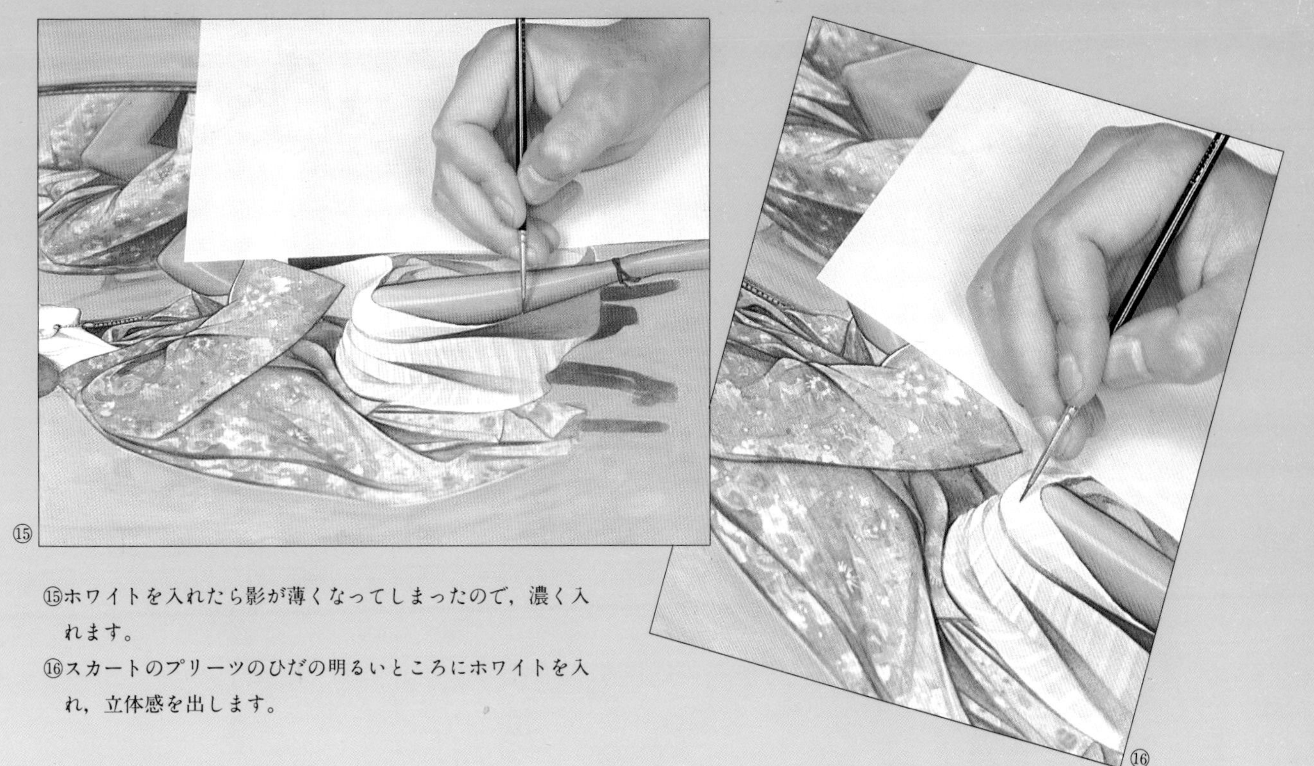

⑮ホワイトを入れたら影が薄くなってしまったので，濃く入れます。

⑯スカートのプリーツのひだの明るいところにホワイトを入れ，立体感を出します。

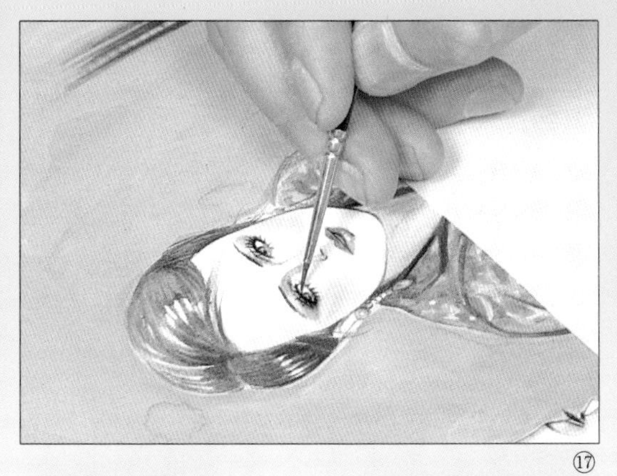

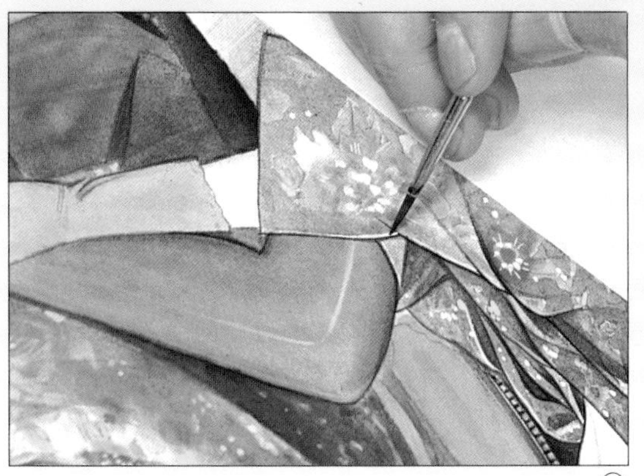

⑰全体のバランスを見て，顔の中の濃いところ，明るいところを描き込みます。

⑱総仕上げとして一番ハイライトになるところに，ホワイトを入れます。

クレセントボード＃100／カラーインキ(ペリカン)

テクニック
ガッシュ

- ○ガッシュ
- ○絵皿
- ○筆――小筆，中筆，平ばけ

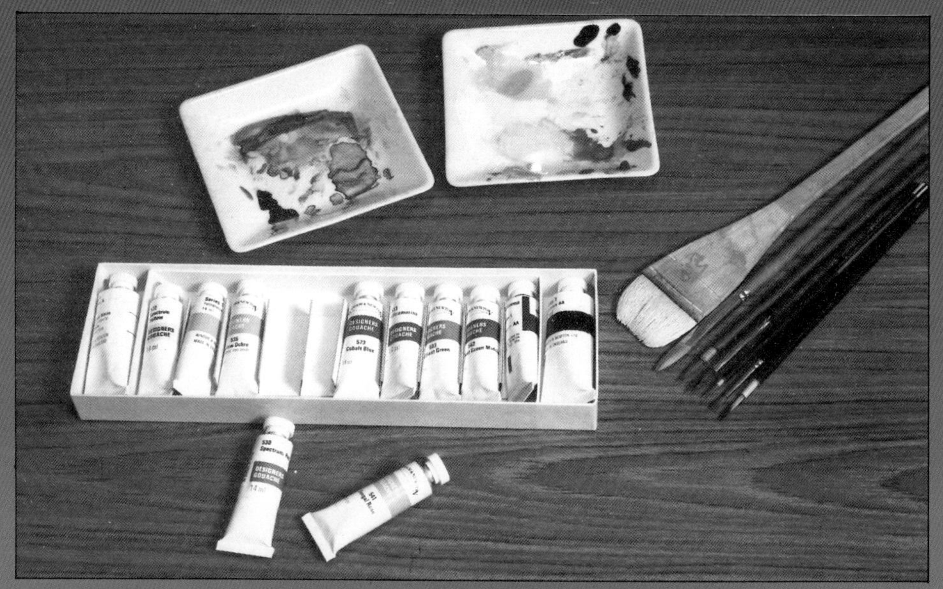

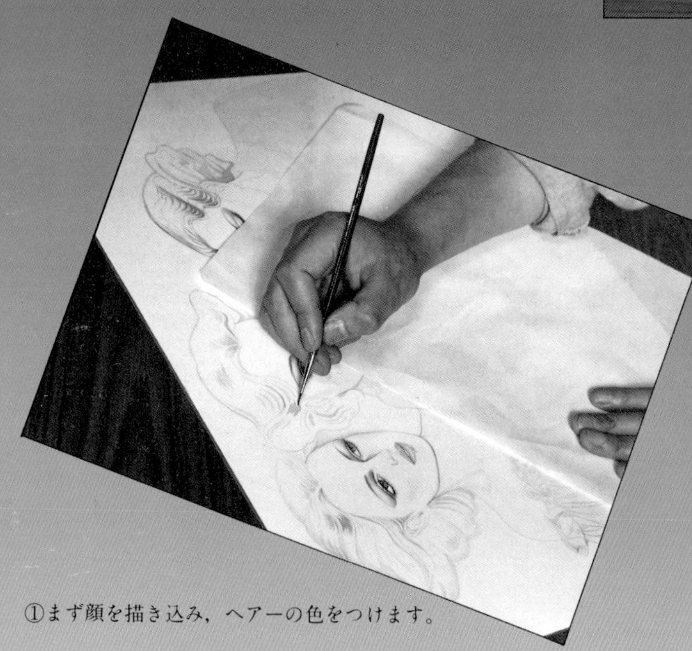

①まず顔を描き込み，ヘアーの色をつけます。

②肌色を塗っていきます。

③平ばけでコスチュームの色を塗っていきます。

④コスチュームの柄を小筆で描き込みます。

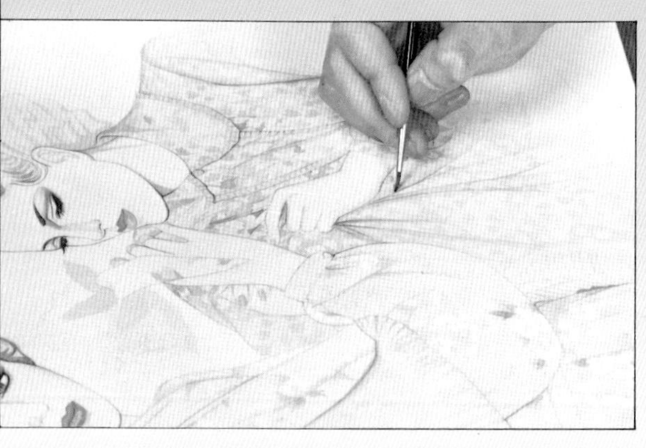

⑤全体の輪郭をグラデーションをつけながら，描き込んでいきます。

⑥柄の明るいところを描き込みます。

⑦コスチュームの影を描き込みます。

⑧コスチュームの陰影の差を出します。

ベンブリッジ＃182／ガッシュ

テクニック
パステル

○パステル
○鉛筆パステル
○擦筆
○ティッシュペーパー

②ティッシュペーパーについた色を肌にぬります。
③擦筆をパステルに直接こすり，擦筆に色をつけます。

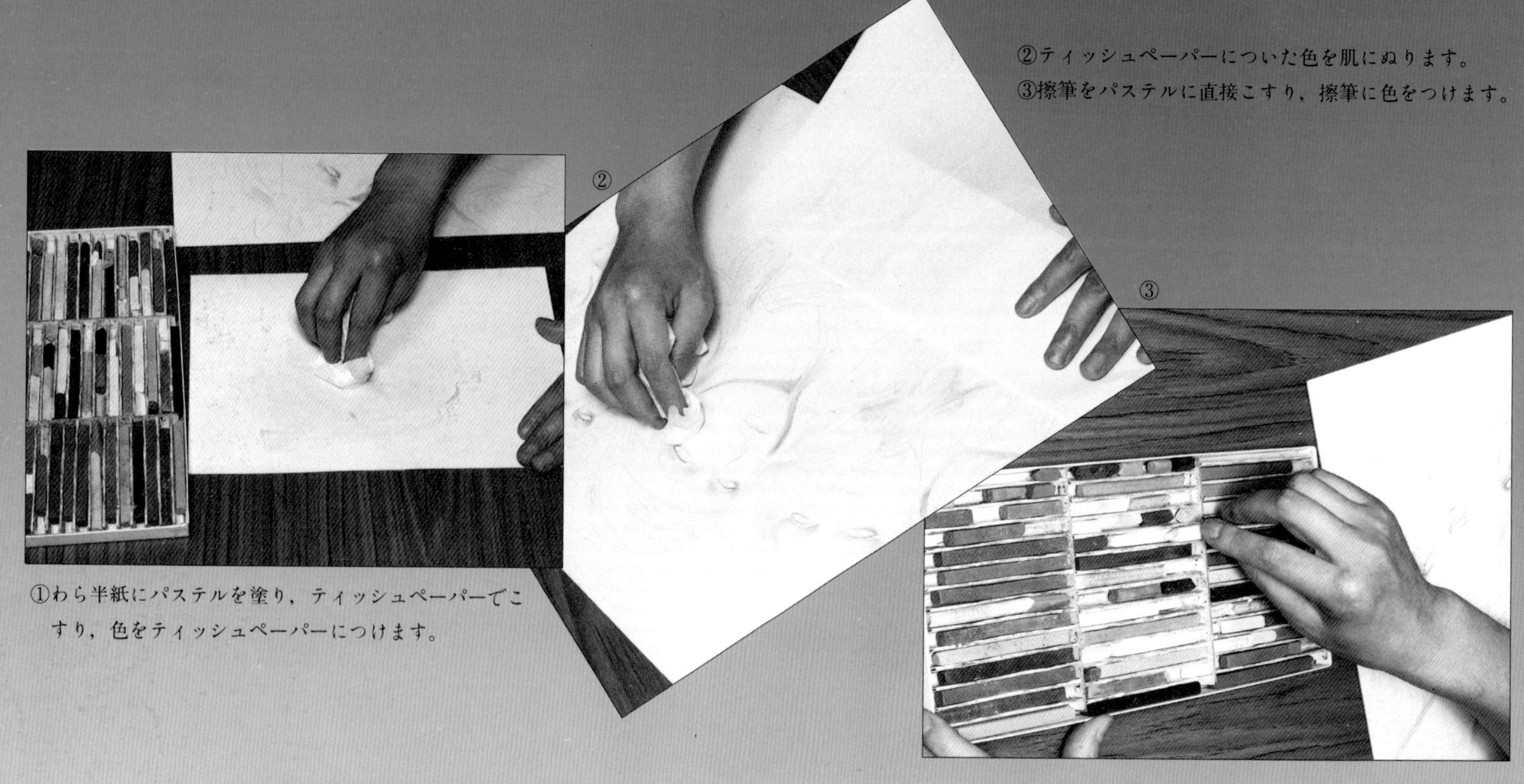

①わら半紙にパステルを塗り，ティッシュペーパーでこすり，色をティッシュペーパーにつけます。

④メイクは擦筆についた色を塗ります。

⑤肌色，メイク，ヘアーに薄く色をつけたところ。

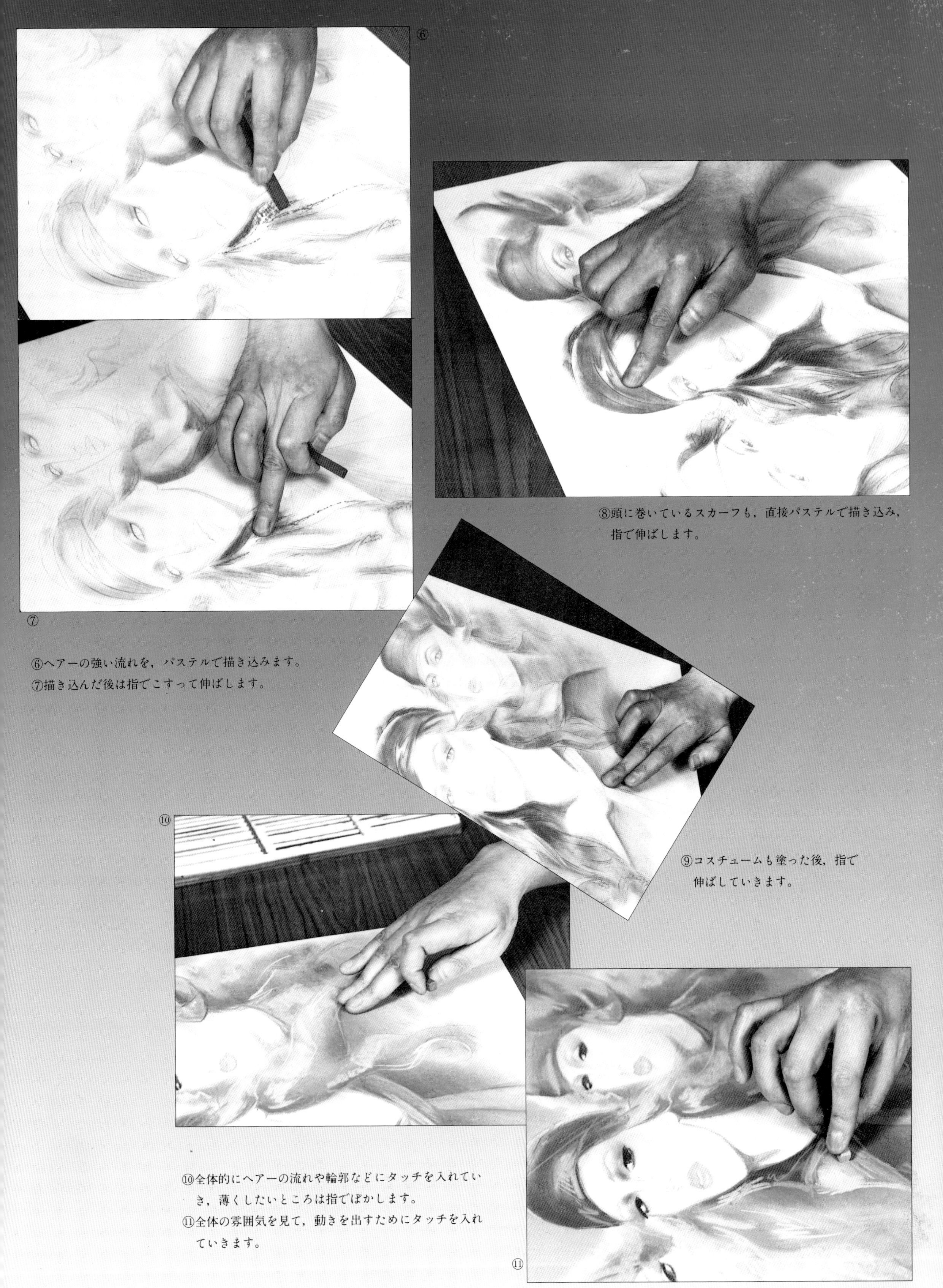

⑧頭に巻いているスカーフも，直接パステルで描き込み，指で伸ばします。

⑥ヘアーの強い流れを，パステルで描き込みます。
⑦描き込んだ後は指でこすって伸ばします。

⑨コスチュームも塗った後，指で伸ばしていきます。

⑩全体的にヘアーの流れや輪郭などにタッチを入れていき，薄くしたいところは指でぼかします。
⑪全体の雰囲気を見て，動きを出すためにタッチを入れていきます。

⑫メイクの強いところを擦筆で描きます。

⑬唇の色を擦筆で伸ばし，やわらかい感じを出します。

⑭目の濃いところを色鉛筆で描き込みます。

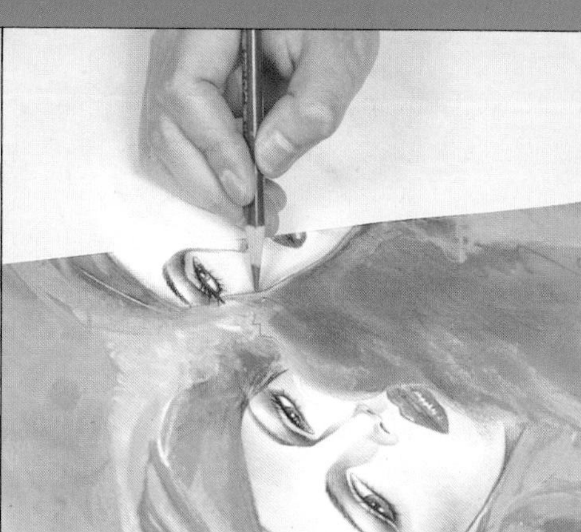

⑮顔の輪郭も色鉛筆で描き込みます。

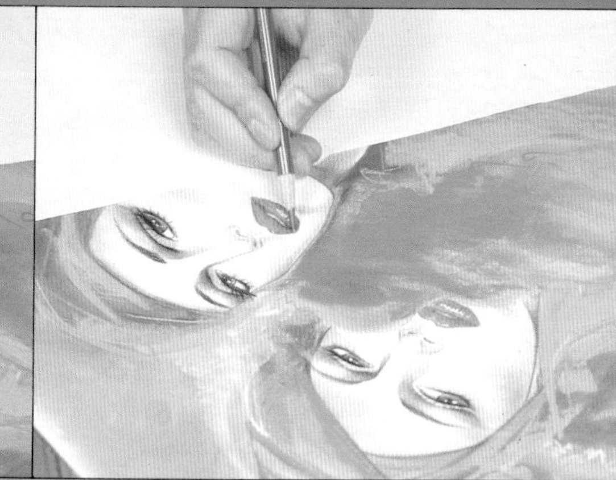

⑯唇の強い色のところは，輪郭を色鉛筆で描き込みます。

ベンブリッジ90S／パステル

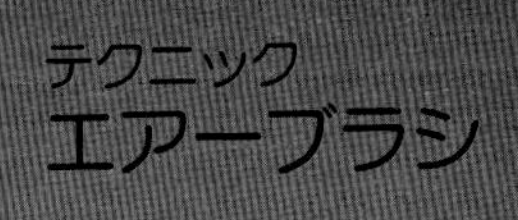

テクニック
エアーブラシ

- ○コンプレッサー
- ○ハンドピース
- ○筆
- ○フィルム
- ○カラーインキ(ペリカン)

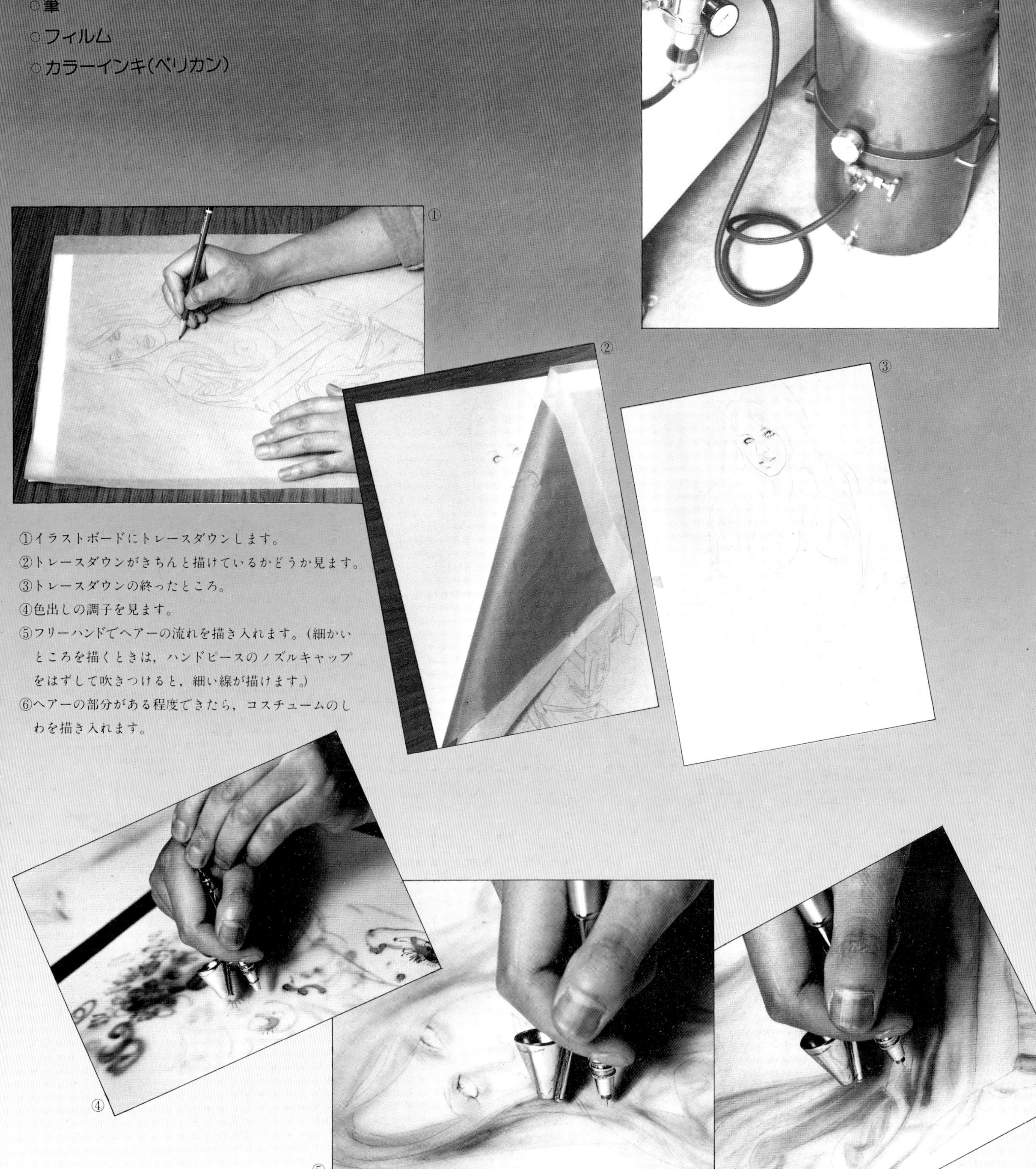

①イラストボードにトレースダウンします。
②トレースダウンがきちんと描けているかどうか見ます。
③トレースダウンの終ったところ。
④色出しの調子を見ます。
⑤フリーハンドでヘアーの流れを描き入れます。(細かいところを描くときは，ハンドピースのノズルキャップをはずして吹きつけると，細い線が描けます。)
⑥ヘアーの部分がある程度できたら，コスチュームのしわを描き入れます。

⑦全体にフリーハンドで陰影をつけます。

⑧パンティの影を入れます。

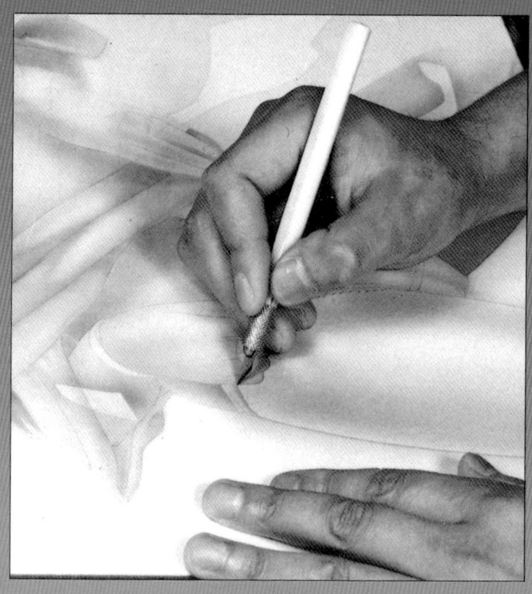

⑨イラストの上にフィルムをあて，マスキングするところをデザインカッターでカッティングします。

⑩フィルムをカッティングしたところ。

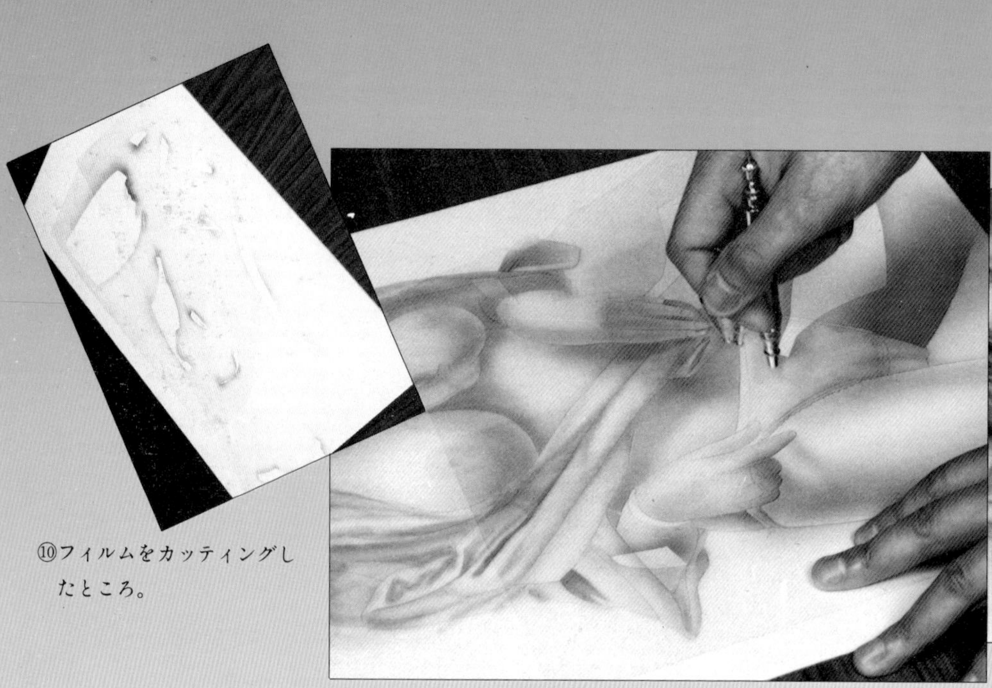

⑪カッティングしたフィルムをイラストにマスキングし，ブラシを吹きつけていきます。

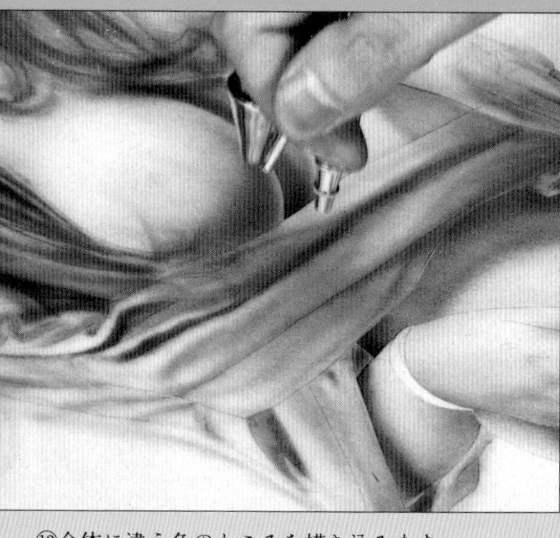

⑫全体に違う色のところを描き込みます。

⑬

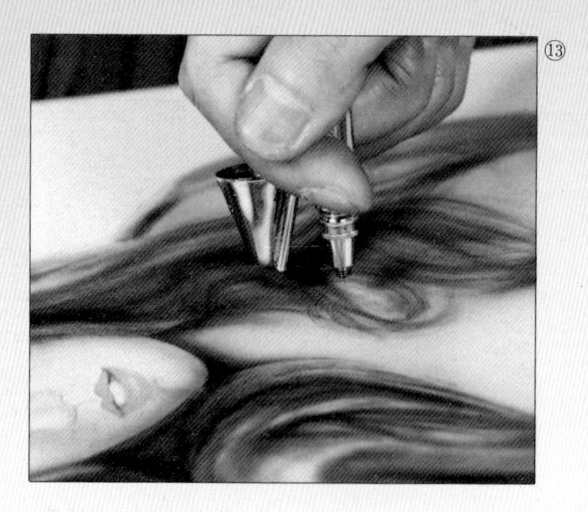

⑬ヘアースタイルも色付けします。
⑭全体的に濃いところを描いていきます。

⑭

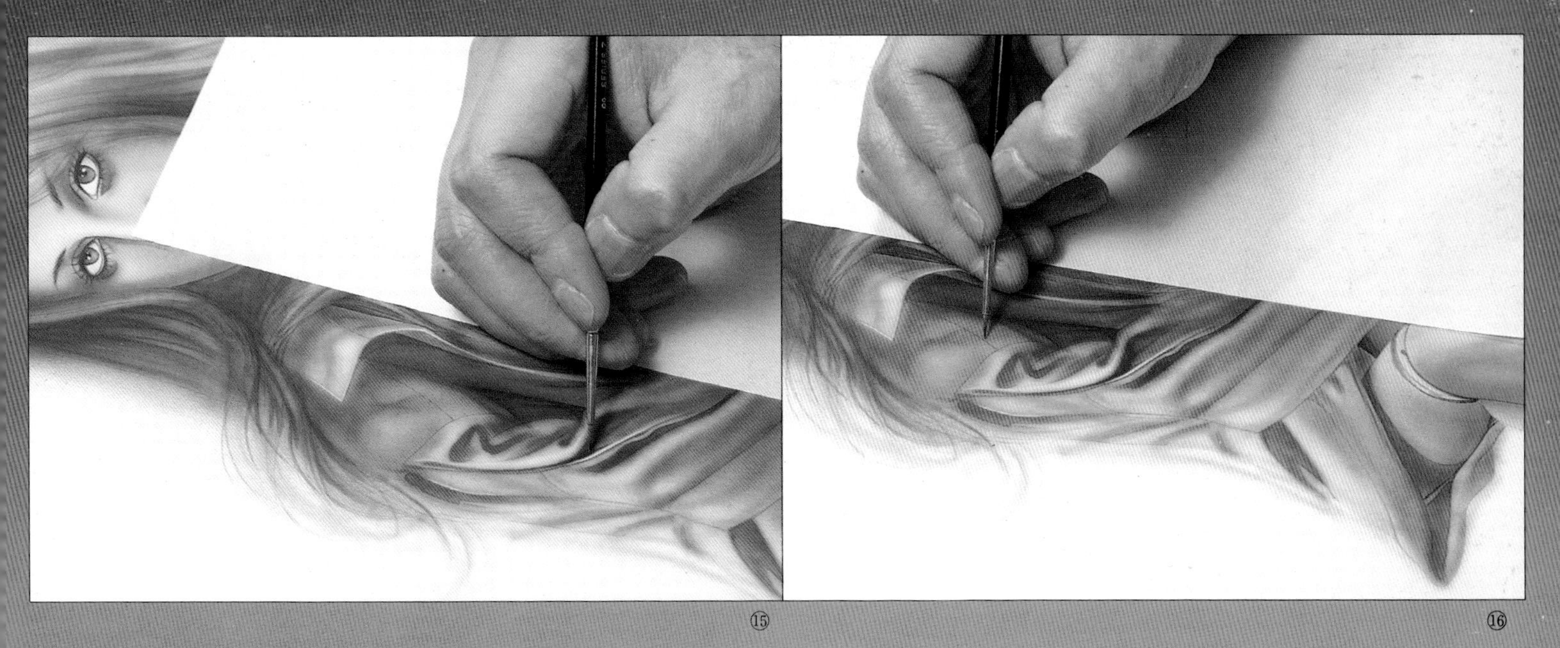

⑮ ⑯

⑮⑯細かいところは筆を使って描き込みます。

⑰ヘアーの流れも，細い筆で仕上げ，最後にイラストをフィルムでマスキングし，バックを塗って仕上がりです。

クレセントボード＃100／カラーインキ(ペリカン)

テクニック
リキテックス

○リキテックス
○メデューム
○絵皿
○筆──小筆，中筆，平ばけ

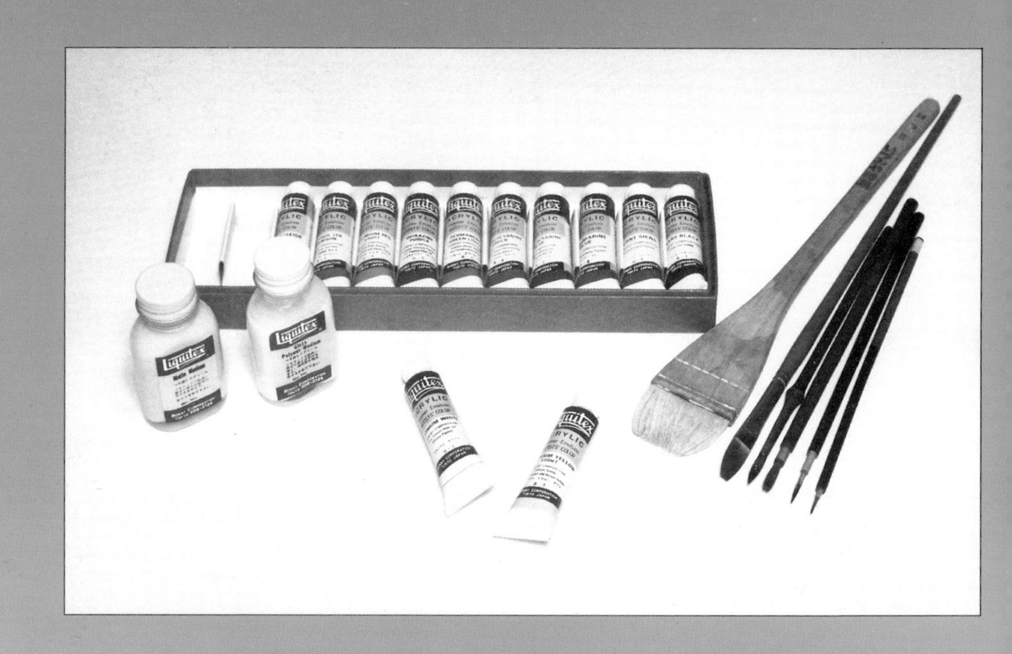

①イラストボードにトレースダウンし，全体に薄く色付けます。

②全体に薄く色付けしたところ。

③
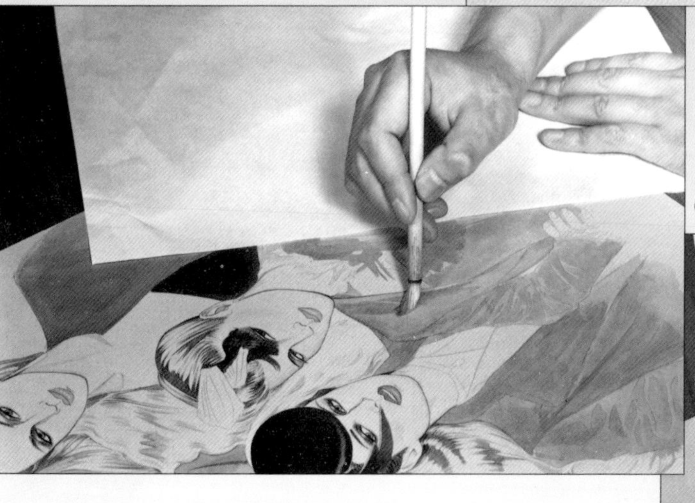

④
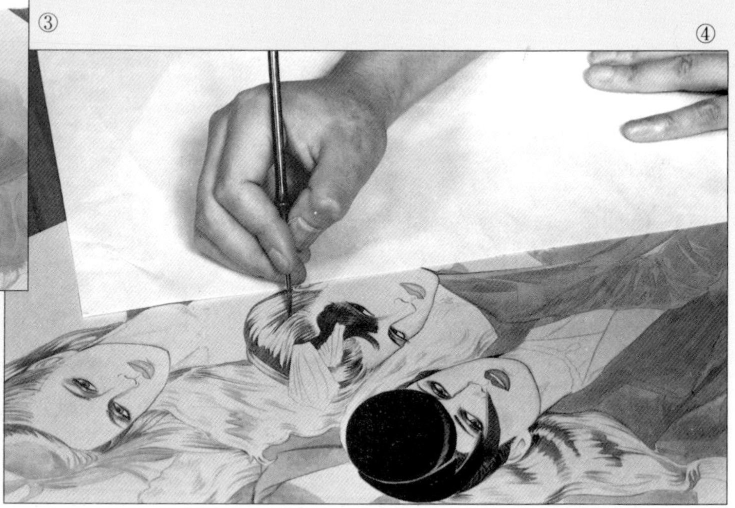

③顔を描き込み，イメージに合った色を考えて，コスチュームに色を付けていきます。
④ヘアーを描き込みます。

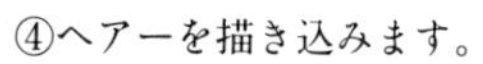

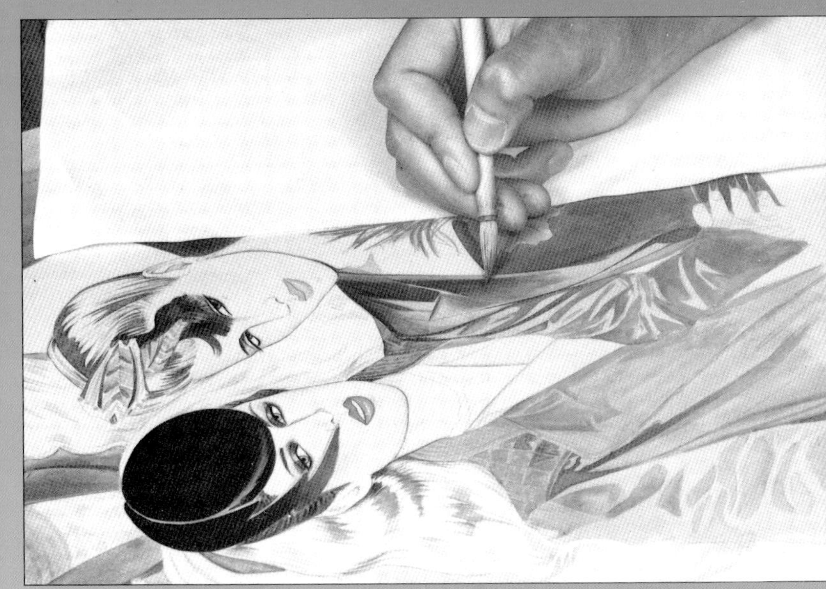

⑤全体的に色を重ねて塗っていきます。

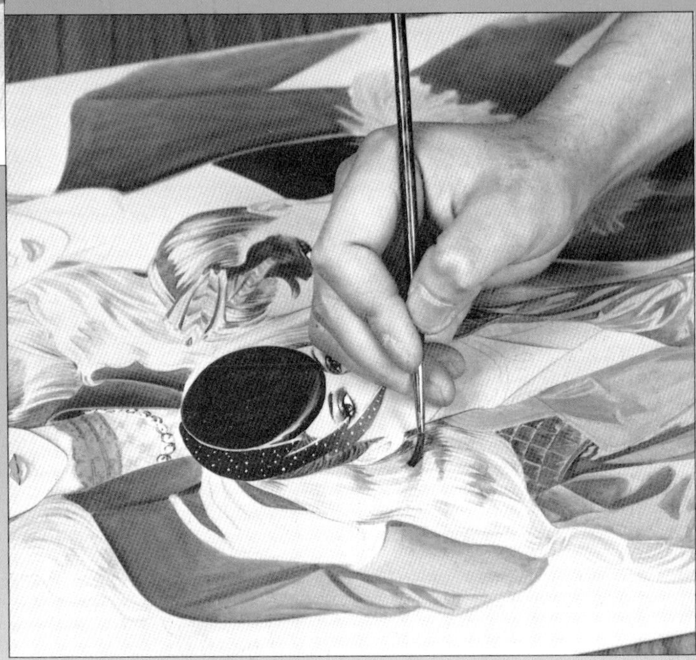

⑥全体の色の強弱を見ながら，顔，ヘアー，コスチュームとめりはりをつけます。

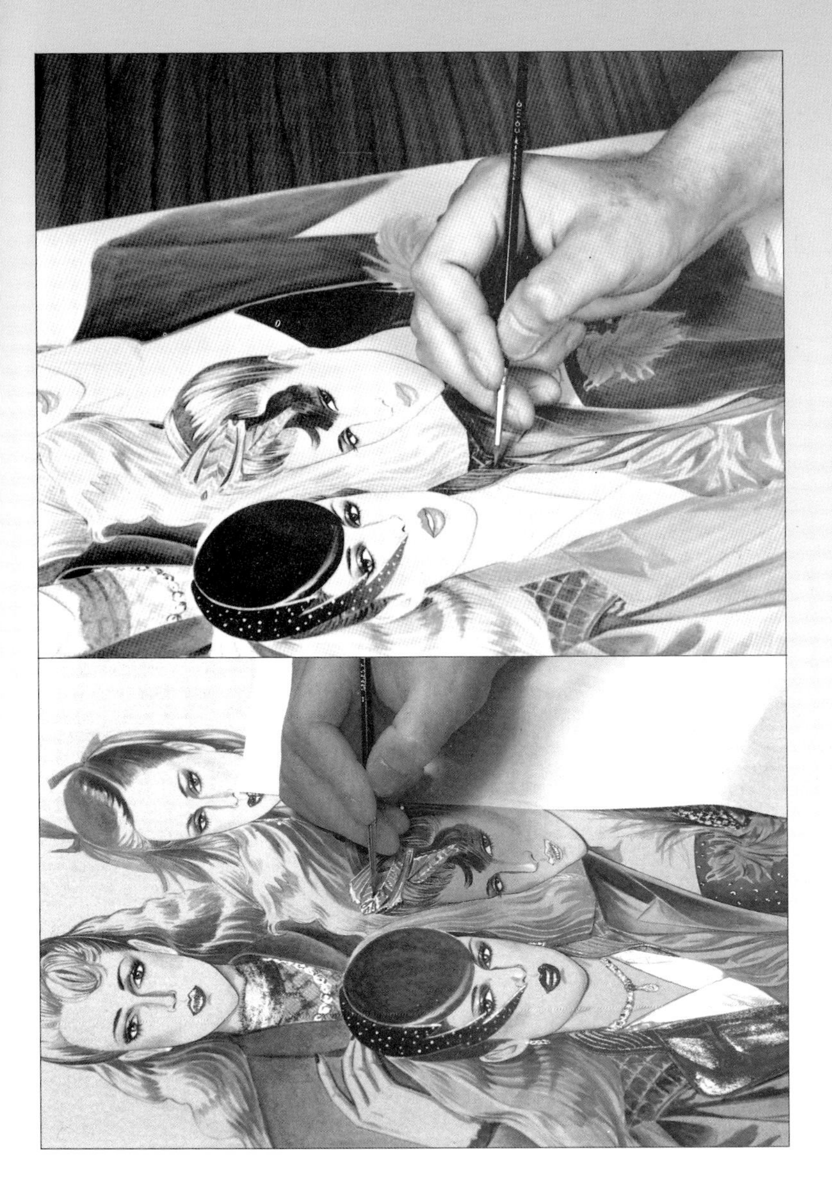

⑦全体的に大きい面を塗り終えたら，細かい部分的なところを描き込んでいきます。

⑧ヘアーやアクセサリーを描き込んでいきます。

⑨コスチュームの柄やビーズを描き込みます。

⑩ホワイトでアクセサリーの羽根飾りを描き込みます。

⑪ハイライト部分にホワイトを入れて，仕上がり完成です。

クレセントカラーボード＃973／リキテックス

テクニック
ポスターカラー

- ○ポスターカラー(ニッカー)
- ○絵皿
- ○筆——小筆，中筆

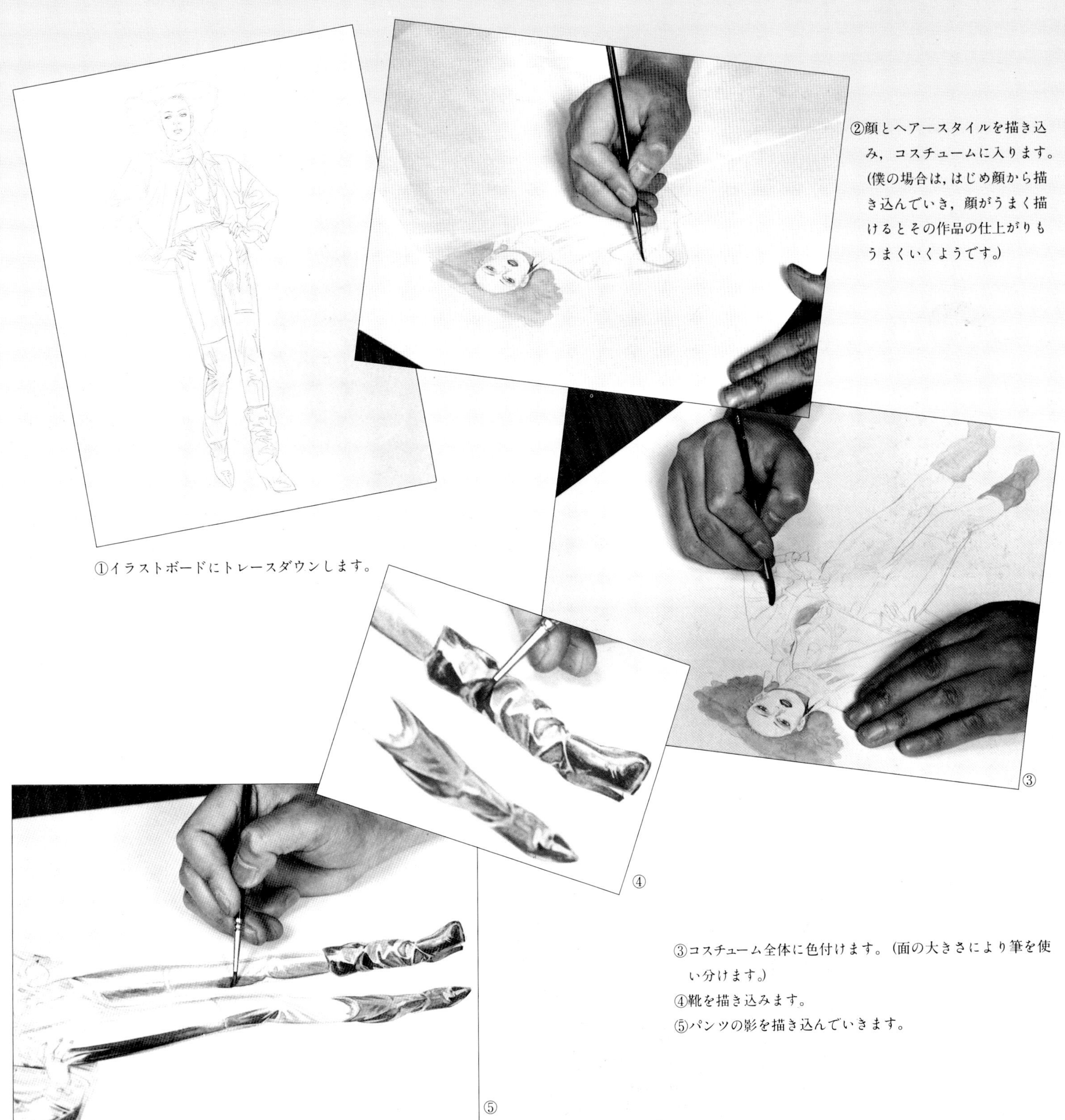

①イラストボードにトレースダウンします。

②顔とヘアースタイルを描き込み，コスチュームに入ります。(僕の場合は，はじめ顔から描き込んでいき，顔がうまく描けるとその作品の仕上がりもうまくいくようです。)

③コスチューム全体に色付けます。(面の大きさにより筆を使い分けます。)

④靴を描き込みます。

⑤パンツの影を描き込んでいきます。

⑥

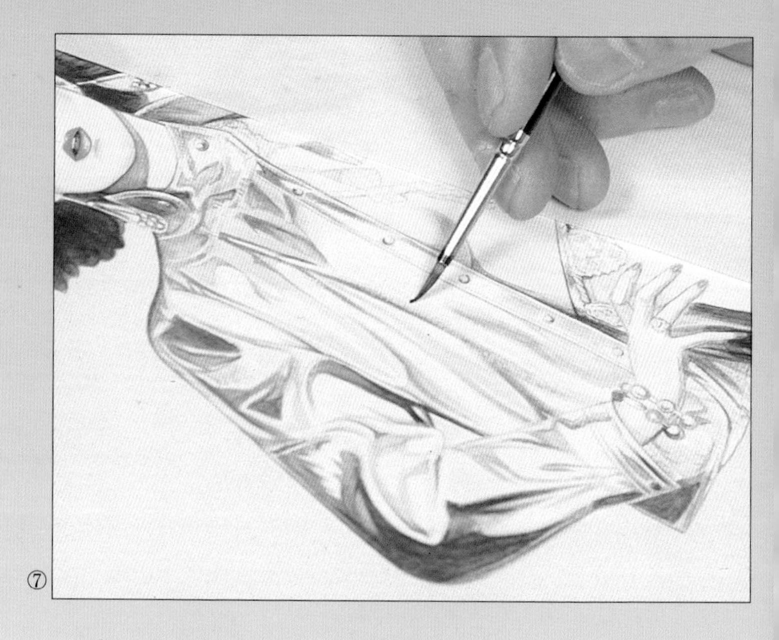

⑦

⑥はじめに全体を薄く塗りますので，全体のイメージを見ながら，ヘアースタイルを描き込んでいきます。
⑦ハイライト部分をホワイトで描き込みます。
⑧ベルトやアクセサリーを描き込みます。
⑨パンツを仕上げます。
⑩靴を仕上げ，最後にホワイトを入れます。

⑧ ⑨ ⑩

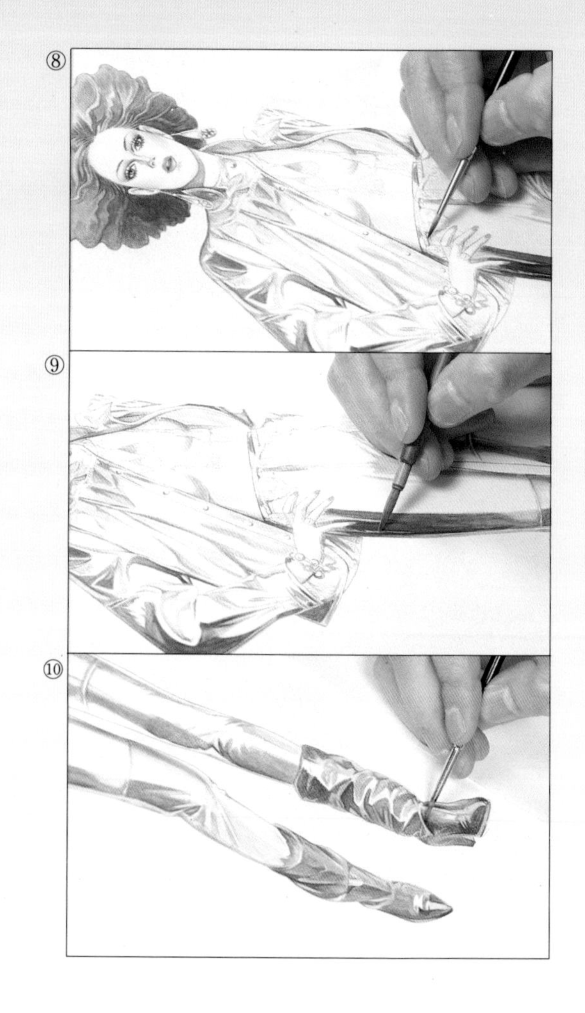

ベンブリッジ90R／ポスターカラー(ニッカー)

ファッション イラストレーション

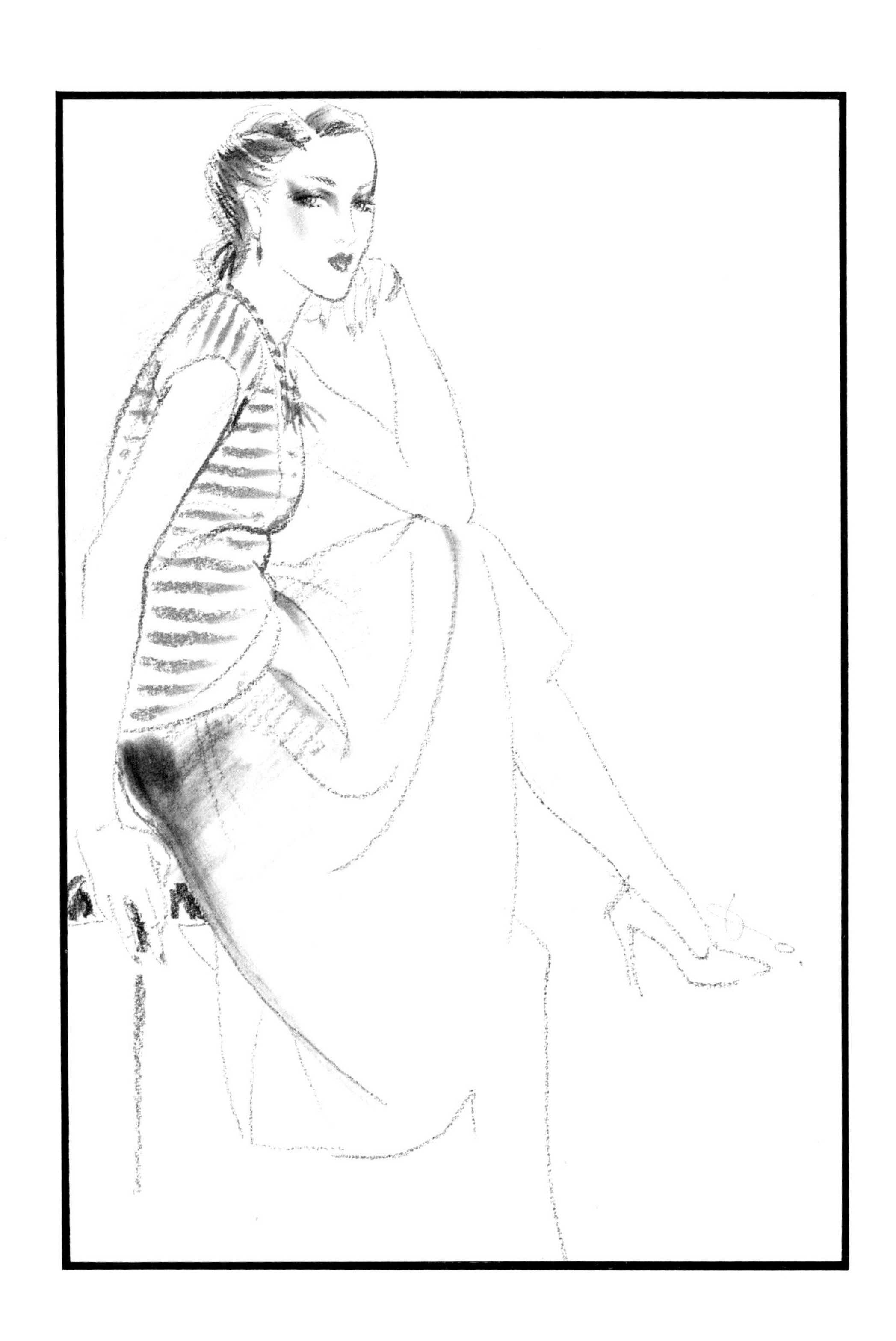

ガッシュでイラストレーションに色付けをし，そのイラストレーションのイメージに合ったカラートーンをバックに貼ります。バックの色が平面的なので，動きを出すために白いラインを入れました。

キャンソンボード／ガッシュ，カラートーン

1

2

1.クレセント＃310／ガッシュ，カラートーン，スクリーントーン
2.クレセント＃300／水彩(ホルベイン)，カラートーン

1
2

ガッシュを水で薄く溶き，部分的な顔，ヘアー，しわなどを描き込み，大きい面などは最後に塗ります。ベットの部分の柄なども最初に描き，広い面は後で塗ります。最後に全体の明るいところと暗いところのめりはりをつけて仕上げていきます。

1. ベンブリッジ＃80／ガッシュ
2. クレセント＃205／ガッシュ

1

女性の濡れたボディに逆光があたっているところで，波打ちぎわの砂浜の描き方や，濡れたシャツが体にフィットして，肌が透けて見えるところなども，最もむずかしいところです。

1. ベンブリッジ＃801／ガッシュ
2. クレセント＃310／リキテックス
3. ベンブリッジ90S／リキテックス

1. BBケント細目／水彩(ホルベイン)
2. ベンブリッジ＃80／水彩(ホルベイン)
3. 画用紙／水彩(ホルベイン)

4

5

6

4. クレセント＃300／ガッシュ
5. クレセントカラーボード＃973／水彩
6. クレセント＃310／リキテックス，メデューム

1

2

3

4

5

4. 2Hから6Bまでの鉛筆を使い，描き込んでいきます。光っているところは，消しゴムを使って描いていき，鉛筆描きが仕上がりましたら，フィキサチーフで定着させます。(このときかけすぎると，着色のとき色むらができてしまいます。) 色はカラーインキで塗り仕上げます。

1. ベンブリッジ＃181／ガッシュ
2. クレセントカラーボード＃973／リキテックス
3. クレセント＃310／鉛筆，水彩(ホルベイン)
4. BBケントボード細目／鉛筆，カラーインキ
5. ベンブリッジ＃275／水彩(ホルベイン)

カラーボードに透明水彩で仕上げていきます。色の濃さにめりはりを付けて，立体感を出します。メイクやヘアースタイルにも流行を取り入れて新しさを出し，全体の雰囲気を大人っぽく女らしくします。色の強弱をつけることにより，やわらかさと動きが出てきます。

1

2

1. クレセントカラーボード＃991／水彩(ホルベイン)
2. BBケントボード細目／水彩(ニュートン)
3. ベンブリッジ＃172／水彩(ホルベイン)

3

1

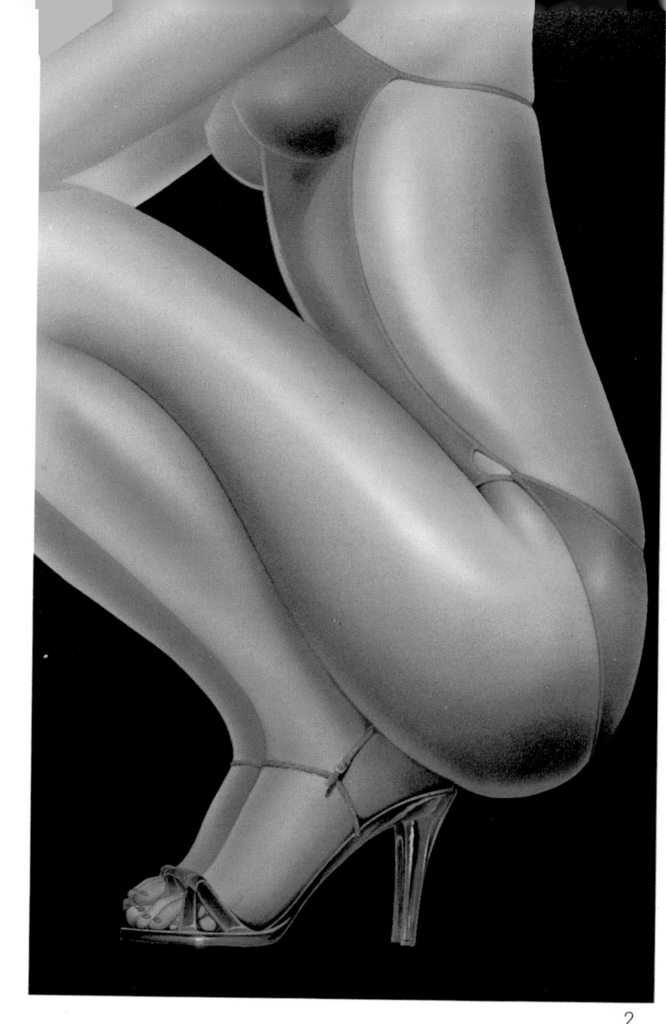

2

3

1.クレセント#310／エアーブラシ，カラーインキ(ペリカン)
2.クレセント#310／エアーブラシ，カラーインキ(ペリカン)
3.BBケントボード細目／エアーブラシ，カラーインキ(ペリカン)

ペンブリッジ＃172／ガッシュ

似顔絵を描く場合には，本人の持っている特徴を誇張して描くことがポイントです。ファラ・フォーセットの場合には，顔だけではなく，ヘアースタイルとバストにも特徴がありますので，わりと描きやすい方です。最初は薄く水で溶いたガッシュを使って着色し，何回も重ね塗りをして仕上げます。

鉛筆パステルのグレーで線のタッチを生かし，消しゴムを使わず，クロッキータッチで描いていきます。この描き方は，イラストレーションに重みはありませんが，ムード的な雰囲気が出てきます。色は顔にパステルでメイクだけ入れて仕上げました。

画用紙／鉛筆コンテ，パステル

1

2

3

1.クレセント＃300／カラートーン，リキテックス
2.クレセント＃310／パントーンマーカー
3.クレセント＃310／カラートーン，スクリーントーン

いろいろな描き方

1

サインペンで輪郭をとり，バックの色はポスターカラーの黒で塗ります。柄の部分はスクリーントーンを貼り，デザインカッターでカットしてあります。ヘアーの影とメイクは，擦筆で仕上げます。

1. クレセント＃310／サインペン，スクリーントーン
2. クレセント＃300／サインペン，ポスターカラー
3. クレセントカラーボード＃973／サインペン，水彩

2

3

サンダースウォーターカラーボード＃183／サインペン，鉛筆コンテ，擦筆

クレセント＃300／鉛筆H・2Ｂ，擦筆

鉛筆で輪郭を描き，ボードの目を生かすために鉛筆のシンのはらを使って，バックやコスチュームの色を描き込んでいきます。メイクのところは擦筆を使い，グラデーションをつけて仕上げます。

ケント紙に２Ｈから３Ｂまでの鉛筆を使い，ヘアーの流れを単純化して描きます。コスチュームにも，あまり影を入れず全体的にシンプルに仕上げました。

ケント紙／鉛筆 2H～3B

1

2

2. Fから２Bまでの鉛筆を使い，ヘアーの流れを細かく描き，顔のメイクは，擦筆で仕上げます。

1. クレセント＃300／鉛筆F

2. ベンブリッジ＃80／鉛筆F～２B

1.クレセント＃300／水彩　2.クレセント＃300／鉛筆H・2B

3. クレセントボード＃300／鉛筆H・2B

2Hの鉛筆で輪郭を描き，コスチュームの影を2Bくらいの鉛筆で描いていきます。全体に濃いところは3Bの鉛筆で，濃く描き込んで仕上げます。

クレセントボード＃300／鉛筆2H～3B

紙は画用紙と似ていますが，輪郭をFの鉛筆を使い，やわらかい線で描いていきます。コスチュームの濃いところは，４Ｂの濃い鉛筆で薄めに塗り仕上げます。

ベンブリッジブリストル，ドローイング羊皮／鉛筆F～4B

1. サインペンで輪郭をラフなタッチで描き，色は鉛筆コンテで塗り，擦筆でこすって仕上げます。
2. 鉛筆コンテで輪郭を描き，コスチュームをコンテで色付けし，擦筆でタッチをつけながら影やバックを入れていきます。
3. カラーボードに水彩絵具の黒で薄く輪郭を描き，コスチュームのストライプをホワイトで描いていきます。

3

1. ベンブリッジ90R／サインペン，鉛筆コンテ
2. クレセント＃310／鉛筆コンテ
3. クレセントカラーボード＃973／水彩(ホルベイン)

クレセント＃310／鉛筆F・2B

Fの鉛筆で輪郭を描き，濃いヘアーや帽子，コスチュームなどは，紙の目を生かしながら２Bの鉛筆のはらで塗り，仕上げていきます。シャープな線に対して，ホットな塗り方をして描き上げています。

クレセント＃99／鉛筆H・3B

1. 今までのリアルな描き方と違い，ムードを出すために全体的にデフォルメして描いています。ヘアースタイルの流れを大きく分け，ひとつひとつの流れの面を，グラデーションに塗ります。柄なども全体的にグラデーションをつけて描きます。

2

1. クレセント＃100／鉛筆 2B・3B
2. ケント紙／鉛筆F
3. クレセント＃310／鉛筆 2B・3B

3

1

2

清潔で健康的なボディにフィットしたファンデーションは，それぞれの機能にマッチしたポーズも考えて，女らしさを損なわないように表現することが大切です。また，ファンデーションだけでなく，流行に合ったコスチュームやメイク，ヘアースタイルにも気を配って仕上げます。

1. 2.ケント紙／鉛筆H・2B

2

コスチュームのやわらかさと，メカニックの持つ硬い感じといった対照的な組み合わせを，鉛筆だけでボードの目を生かしながら描き上げました。

1. クレセントカラーボード＃972(裏使い)／鉛筆H～5B　2. クレセント＃310／鉛筆H～2B

1

2. ムード的な雰囲気を出すために，顔を抽象的に描き，ヘアースタイルを面としてとらえグラデーションをつけて描き上げました。また花などは，全部描き込まずに部分的に仕上げます。

2

3

1.クレセント♯310／鉛筆H・2B
2.ケント紙／鉛筆2B
3.BBケントボード細目／鉛筆2B
4.ベンブリッジ♯169／鉛筆F

4

ヌードクロッキー

クロッキーはデッサンと同様に，ファッションイラストを学ぶ人にとって，欠かすことのできない練習法です。ヌードクロッキーは，裸体のモデルを実際に見て，それを短時間（2～7分）で描き上げます。短い時間の中で，ポーズ（動き）を正確にとらえ，人体のフォルム(構造)を理解し，手早く描くことが大切です。机の上でのイラストレーションはうまく描けても，クロッキーの場合，絵が上手な人でも初めて描く時は，なかなか形がつかめません。上手になるためには，何枚も何枚も数を描かなければなりません。

画用紙／鉛筆コンテ

コスチュームクロッキー

コスチュームクロッキーも，形のとらえ方や短時間で描くということは，ヌードクロッキーと同じですが，ポーズ（人体の動き）とボディとコスチュームの三つのバランスを観察しながら，全体的な形を表現しなければなりません。はじめはきれいに描くことよりも，モデルの動きやフォルムをとらえ，デッサンのように同じところを何回も薄い線で描くのではなく，タッチ（線）を一筆で描くつもりで仕上げることが大切です。

画用紙／筆，水彩

1

2

3

顔とヘアースタイルの描き方でも，ムード的な描き方や，写実的な描き方，また省略的な描き方と，いろいろな描き方で表現してみましょう。ポーズなども変えて，どんなむずかしいポーズでも描くことができるように練習しましょう。人体を描く場合には，顔が一番むずかしいので顔を数多く描きましょう。

1.クレセント＃300／鉛筆H～2B
2.BBケントボード細目／鉛筆H
3.クレセント＃300／鉛筆H～2B

プロフィール

1941年，山形県生まれ。

22才の時に絵を描きたい一心で上京，デザイン学校でグラフィックの勉強をし，商業デザインの仕事についたが，自分の本当にやりたい仕事ではないと思い，自分の求めるものを模索している時に，原雅夫・スタイル画教室の広告が目に入り，ファッションイラストレーションを描くきっかけになりました。その教室で知り合った7人の仲間でSUNデザイン研究所を設立，1981年に古巣のSUNデザイン研究所を退社，独立して，アトリエ・フロム1を設立。

ファッションイラストレーションからコマーシャルイラストまで，幅広いイラスト専門の制作室としてスタート，スタッフ6名と共に新たな気持ちで，それぞれの個性（キャラクター）を生かしながら制作に，勉強に取り組んでいます。

日本イラスト連盟会員

日本ヘアースタイル画協会会員

事務所　アトリエ・フロム1（ワン）

〒150 東京都渋谷区代官山町20－1

コムト代官山

TEL：464－6048

レディース ファッション イラストレーション

1982年12月25日　初版第1刷発行
1983年2月25日　第2刷発行
1983年6月25日　第3刷発行
1984年1月5日　第4刷発行
1984年4月25日　第5刷発行

著　者　熊谷小次郎（くまがいこじろう）©
発行者　富士井 澄

印　刷　錦明印刷株式会社
製　本　有限会社山越製本所
写　植　ヤザワ制作

発行所　株式会社グラフィック社
〒102 東京都千代田区九段北1-9-12
☎03(263)4318　振替・東京3-114345

定　価　2,500円
落丁・乱丁本はお取替え致します。

ISBN4-7661-0267-3 C3071 ¥2500E

写真撮影　石原 繁徳

画材提供　株式会社 いづみや
レトラセットジャパン株式会社

グラフィック社の好評図書

精密イラストレーションの世界
編集部編
A4変形判・160頁
定価3,800円

イラストレーション"女"
編集部編
A4変形判・160頁
定価3,800円

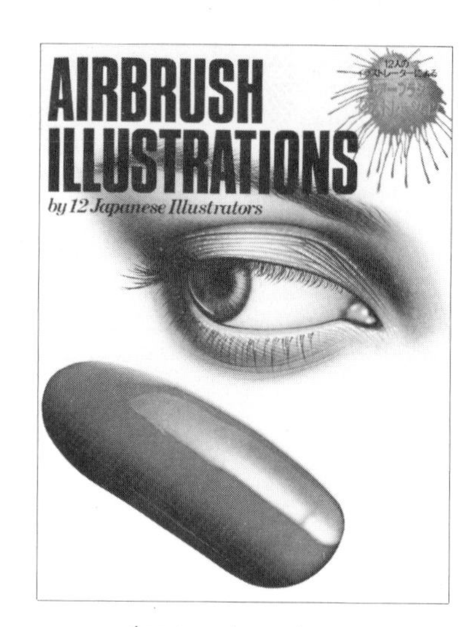

エアーブラシ・イラストレーション
編集部編
A4変形判・180頁
定価3,800円

ナイーヴ・イラストレーション
編集部編
A4変形判・136頁
定価3,000円

イメージの旅
新井苑子著
A4変形判・112頁
定価2,800円

メルヘン&ファンタジー・イラストレーション
編集部編
A4変形判・136頁
定価3,000円

スーパーリアル・イラストレーション
斎藤雅緒著
A4変形判・116頁
定価3,300円

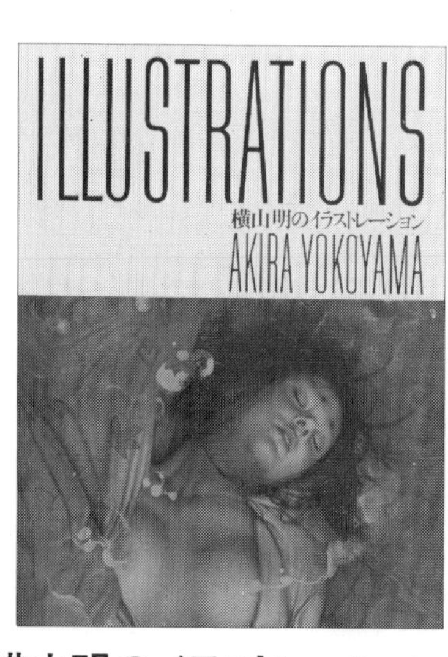

横山明のイラストレーション
横山　明著
A4変形判・108頁
定価3,300円

ファッションイラストレーション
熊谷小次郎著
A4変形判・144頁
定価2,500円